Écoute-moi bien

DU MÊME AUTEUR

Tu seras une femme, ma fille, *Calmann-Lévy, 2010*
L'élégance, *Autrement, 2013*
4 décembre, *Plon, 2015*

Nathalie Rykiel

Écoute-moi bien

Stock

Photo de bande : © D. R.

ISBN 978-2-234-08326-4

À qui donc appartient la caresse, à celui qui la donne, ou à celui qui la reçoit ?

Hélène Cixous

Cimetière du Montparnasse,
le jeudi 1er septembre 2016
15 h 30

Tu as vu
Tu les as vus
Tu as entendu
Tu as bien entendu

Tes sœurs amis mode livres femmes hommes enfants
Tes petites-filles
Tu les as entendus ?

Tu as senti cet amour admiration respect que tu inspires, cette merveillosité que tu es

Tu es contente,
Tu es… dépassée ?

Tu t'en fous ?
Je sais que tu t'en fous.

Pardon, mais elle s'en fout…

Si vous pouviez juste lui dire qu'elle est belle, incroyable.
Si un homme pouvait lui dire, lui redire qu'elle est belle, qu'elle est magnifique…

Être une icône, être une légende, être une pionnière,
Être une couturière qui marquera l'époque,
Être une femme libre, engagée, généreuse, un symbole pour des générations de femmes,
Être une amie précieuse et fidèle,
Être sœur aînée et chef de clan,
Être la meilleure des grands-mères…
Être ma mère.

Ta fille. Être ta fille
La grande aventure de ma vie…

Oui, je vais faire attention. Jean-Philippe, les filles, ne t'inquiète pas. Comme toujours, depuis toujours…

À moi aussi, je ferai attention.

Si ? Inquiète-toi, alors. Mais je m'occupe de tout.

N'aie pas peur, tout ira bien.
D'accord, je ne dis plus ça, je ne dis plus que tout ira bien
Mais quand même, ça ira, tu verras…

Je te mentirai mais je ne mens pas.
Je tiens ta main je porte ta bague – n'aie pas peur…

Depuis le jour de ma naissance, peut-être avant, et tout le long de la vie, nous nous sommes parlé chaque jour.
Parlé, téléphoné, regardées, humées, tenues, silencieusement aussi. Pas un jour sans…

Petite, tu m'emmenais partout avec toi. Tu m'as appris à lire à quatre ans, tu ne m'as plus lâchée.
Tu m'as élevée sans me conseiller, je n'avais qu'à te regarder.

Tu étais là pour moi, absolument et, aussi absolument, tu vivais ta vie, tu n'aurais renoncé à rien – je le savais.
Ni un homme, ni un voyage, ni une collection.

Et pourtant tes enfants, tu les aimais plus que tout au monde.

Te rejoindre à vingt ans, t'avais-je jamais quittée, renoncer à la médecine ou au cinéma, les avais-je réellement envisagés ?

Te rejoindre à vingt ans pour ne plus te quitter a été ma longue façon de me déployer. C'est en te regardant, je l'ai dit, que j'ai appris.

Mais j'ai pris tout mon temps parce que c'était fascinant d'être avec toi, plus fascinant que n'importe quoi.

Et puis nous étions toujours d'accord, une confiance absolue l'une en l'autre. Cette confiance absolue que tu m'as toujours faite et que je lisais dans tes yeux, c'est elle qui m'a donné la force d'exister à tes côtés et de devenir Nathalie.

Il y a vingt ans environ, la maladie redoutée, celle de ma grand-mère, ta mère Fanny, t'a prise.

Cette P de P, Putain de Parkinson, tu ne lui as pas cédé un pouce de terrain, pas un pouce.

Je t'ai vue te battre et je l'ai vue la salope te prendre petit à petit ce que tu avais de plus précieux, ton intégrité, ta dignité…

Depuis quelque temps déjà tu m'appelais maman, et je t'avais dit : « Je suis d'accord pour que tu m'appelles maman, à condition que tu restes ma mère. » Et tu m'avais répondu, ta voix était encore claire : « Bien sûr, ma chérie ! »

Les choses étaient donc parfaitement claires entre nous et enfouies et limpides et évidentes, comme toujours. Et fascinantes.

Le dialogue, le monologue, le chuchotement, le souffle, le presque silence, jusqu'à ce jeudi cinq heures du matin, fut donc une double voix… maman oui maman…

Aujourd'hui je ne suis qu'orpheline et je me sens veuve, encore pleine de toi. Il me manque aussi ce mot, ce mot qui fait défaut à notre langue, peut-être parce que cette douleur est au-delà de l'énonçable, celle d'une mère qui perd son enfant.

J'ai perdu ma mère ma moitié ma crème et ma frayeur, ma beauté et ma douleur. Avec toi j'ai vécu le plus beau, j'ai connu le plus dur.

J'ai été ta fille ta meilleure amie ta confidente ta partenaire ton bouclier ton double ton jour et ta nuit, ta nurse et ta mère, et toi pareillement pour moi.

Trop ? Non, juste assez pour nous.

Et (vidée de toi) je suis pleine, pleine à ras bord de toi.

Et je sais que l'horrible laissera bientôt, laisse déjà, laissera n'est-ce pas – *please* – place à la grâce, au mouvement, à la merveille d'avant ?

Pas de fin, tu ne voulais pas de fin, rien qui arrête, rien qui s'arrête. Enlever les ourlets, parce que ça arrête le vêtement,

Rykiel forever, collection interminable, ne pas finir. Infinir. Pas mourir.

Votre plus grande ambition dans la vie ?

Devenir immortelle et puis mourir...

Taisez-vous ! Qui parle de mourir ?

Ta vie est là, elle est bien là, il suffit de voir d'entendre Tatiana, Lola et Salomé. De regarder grandir Anna, Lisa, Jade et Ève.

La vie est belle, spirituelle, intellectuelle, culturelle, charnelle, belle pour aller danser,

Allez, on dansera…

Elle est belle la vie, il suffit de voir toutes ces femmes se balader avec cet air de Rykiel, et comme par hasard, ce sont des sœurs ou des amies.

Elle est belle la vie, il suffit de voir ce monde de femmes dans le monde, et pas qu'à Saint-Germain-des-Prés.

Ce monde de femmes fières qui ne se laissent pas faire, pour qui rien n'est impossible. Qui ne renoncent jamais.

La vie est belle, mes filles, même quand elle est affreuse,

Comme particulièrement cette épouvantable année 2016,

Et qu'elle nous force à nous tenir droites,

À ne pas nous laisser faire et à nous battre.

C'est peut-être cela la leçon.

C'est peut-être cela la Beauté Rayée.

C'est cela ton héritage, maman, cette déchirure d'aujourd'hui et ce lien qui nous unit et nous immunise contre la bêtise, l'inculture et la dépendance.

Ce tapis d'amour, cet édredon de chagrin et de câlins, cet océan de force, cette mer qui veille sur nous toutes.

Cet écho qui depuis jeudi, à cinq heures, ne fait que grandir et nous porter, nous transporter, nous emmener, tes petites-filles, tes sœurs, tes nièces, tes cousines, les femmes de la famille,

de la famille du monde entier des femmes, les femmes de ce clan-là, les femmes libres, celles qui ne renonceront jamais à rien et qui peuvent aussi s'écrouler pour un rien.

Et les hommes qui les aiment.

Et tous ces hommes qui t'ont tant aimée.

Tu te rends compte ?

J'ai posé près de toi tes cahiers et tes feutres et tes livres…

Je t'ai habillée et coiffée et maquillée,

J'ai embrassé ton corps mort sans vie je l'ai caressé je t'adore

Je t'ai donné tout mon amour et j'ai pris tout le tien.

Je n'ai peur de rien.

Il faut avoir une musique en soi pour faire danser le monde.

La musique est là, Viens ma mère-veille ma légende mon enfant mon amour, Viens maman, mets tes talons les plus hauts, tes chaussures les plus rouges, Viens, on dansera maintenant...

Avant

Je veux écrire ce livre et que tu sois vivante, je l'écrirai de toute façon mais le finir avant que tu sois morte ce serait mieux. Je ne sais pas jusqu'à quand tu vivras. C'est peut-être le grand mystère de ma vie, imaginer l'après-toi. Oui, j'ai dit à Y, j'aurai ce courage bien sûr, écrire sur ma mère et avant qu'elle soit morte, et je sais mieux que personne que ça lui plaira, au-delà de tout, de tout ce que je pourrais dire, que je parle d'elle.

Respire, c'est la vie, respire jusqu'à ton dernier soupir, jusqu'au dernier jour, jusqu'à ce que tu n'en puisses plus, parce qu'elle t'aura tuée, consommée, épuisée la vie, cette vie si précieuse qui est en toi, que ta mère t'a donnée le premier jour et tu l'as avalée en hurlant.

Elle est à toi, garde-la précieusement, tu n'en auras pas d'autre alors gaffe, recrache mais doucement, pas de conneries tout est grave, engageant, réfléchis, choisis ta voie, les erreurs coûtent cher, font perdre du temps, le temps est compté mais c'est comme ça qu'on apprend… Combien ? On ne sait pas. Tu ne sauras pas. Surprise, surprise. On sait au jour le jour, jour après jour, minute après minute, au fur et à mesure, c'est comme ça – tu peux dire ça fait soixante années et cinq mille minutes, c'est tout ce que tu peux dire, si tu veux dire quelque chose, tu ne peux pas parler pour demain. Demain ? Peut-être que tu ne respireras plus. Demain, échafaudage. L'avenir, échafaudage. Demain, ça n'existe que maintenant.

Alors fais ce que tu veux, fais comme tu le sens, mais fais-le.

Oui, que tu sois vivante, comme pour mes autres livres, tu ne lis plus – pas grave, je te le réciterai à voix haute, assise près de toi, tu adoreras. J'écrirai et ça te maintiendra en vie, que j'écrive sur toi. Tu ne pourras pas mourir tant que tu n'auras pas lu. Après, j'en écrirai un autre, peut-être même que j'écrirai uniquement pour te garder en vie. Piégée. Tu te rappelles ? Petite, tu m'avais prédit une carrière d'écrivain… Tu avais consulté une voyante pour tes amours et à la fin J de G t'avait dit : Nathalie sera écrivain. Ça te faisait plaisir, tu me l'avais raconté aussitôt rentrée à la maison, comme tu me racontais tes amours, comme tu me racontais toujours tout avec les détails. Je souris, j'y pense, tu te voyais peut-être l'héroïne de mon roman, le roman de ma vie…

En voici une version. C'est ton cadeau. Mais je n'ai pas dit mon dernier mot maman. On partage. Mon sujet ce n'est pas toi, c'est nous. Nous deux. Ce que tu as fait de moi. Ce que je t'ai laissée faire de moi. Ce que j'ai fait de moi. Avec bonheur avec douleur. Comment je t'ai laissée me bouffer et t'installer aux premières loges de ma vie. Et moi, qui ai toujours été au *front row* de la tienne.

Tu es bien installée ? Alors on y va. Écoute-moi bien…

Tu disais, si on faisait une tarte, ou des crêpes ? Le temps de le dire, tu étais déjà ressortie de la cuisine, seuls le dessert trônant sur la table, ainsi que cette odeur, mélange de ton sillage et de sucré, témoignaient de ton passage. C'était comme ça. Pas de tablier, tu ôtais simplement tes bagues pour les déposer dans une coupelle, les mains d'une femme dans la farine c'est ce que mon père chantait, les mains de ma mère dans la farine c'est ce que j'aimais, un saladier, de l'huile, du beurre, des œufs, tu saisissais, tu cassais, tu rattrapais, tu pétrissais, jamais de rouleaux, pas d'accessoires, en pâtisserie tu ne faisais confiance qu'à tes mains. Je te demandais : Pour les proportions maman ? J'essayais de suivre, d'apprendre, je voulais noter, tu allais tellement vite, tu me répondais, tu vois bien chérie, tu regardes, ça n'a pas tellement d'importance, ça dépend, c'est en fonction, si c'est trop mou, trop dur, tu ajoutes, tu diminues, tu goûtes, tu sais qu'il faut que ce soit bien ferme, alors tu te débrouilles... Jamais je n'ai obtenu de toi de réponse précise, de mesure exacte comme dans *La Pâtisserie est un jeu d'enfants* de Michel Oliver, ma bible de petite fille où tout est inscrit avec une tasse étalon dessinée pour ne pas se tromper. Même pour la mousse au chocolat, ta recette légendaire, le nombre d'œufs variait. Quelquefois c'était huit, d'autres douze, le nombre de tablettes aussi évoluait. Il y avait bien sûr des *guideline* – toujours une pincée de sel par exemple – et des interdits, le beurre et le sucre dans la mousse absolument proscrits. À part ça, rien n'était gravé, inscrit dans le marbre et ça rendait les choses compliquées pour une petite fille sage, mignonne, soucieuse de bien faire. Je crois que j'étais inquiète, j'avais besoin d'être rassurée et il me fallait un cadre, des règles…

Pourtant, il suffisait de regarder ma mère, de la regarder vivre pour vouloir que la vie lui ressemble, tout paraissait mièvre et fade à part elle. Et dans son existence visiblement, rien n'était figé, mesuré, immuable. C'était cela avant tout qu'elle me transmettait.

Oui, tu faisais tout librement, rapidement et, il me semble, avec une grande facilité. La tarte aux raisins, le caramel fondu dessus, combien de sucres dans la casserole maman pour le caramel – tu vois bien chérie, en fonction de la couleur, que ce soit bien doré mais que ça ne brûle pas, les crêpes, salées, sucrées, on fait deux pâtes, on laisse reposer – combien de temps maman – ça dépend, quand tu as faim, un peu plus tard, on sort les poêles, pof pof, on les fait sauter, on se régale – si on veut défiler on défile – alors j'enlève la veste, je souris maman ? Comme tu veux, tu te balades, tu les regardes…

Je me suis débrouillée avec ça, il y avait bien quelques recettes, une sorte de ligne de conduite mais pas tellement de modes d'emploi, vous comprenez la nuance. Tu n'écoutes que ton désir, non, mais tu tiens compte de ton désir avant tout, si tu veux tu peux, alors tu t'arranges avec ta volonté d'y aller. Si tu te casses la gueule, qu'est-ce que ça peut faire, tu recommences.

Oui d'accord, merci maman, mais...

Tu étais jolie, classiquement jolie sur les photos d'avant ton mariage. Après, je veux dire après moi, une jeune maman épanouie souriante encore un peu conventionnelle, et puis tu es devenue belle désirable inaccessible. Tu as changé, tu avais beaucoup minci (il y a ce lien aphrodisiaque entre minceur et désir chez moi, ça doit venir de toi...) et puis c'est fini dis, tu ne souris plus sur les photos, tu es entrée en séduction et les hommes qui te regardent sentent une faille, ils ne pourront plus t'atteindre, tu n'appartiendras qu'à toi, ce fils aveugle, ce début de succès incroyable... Je me dis, il y en a sûrement un qui t'a donné le courage, parce qu'il t'aimait – il n'y a que l'amour qui donne cette force. C'est D.

Un jour nous étions en voiture toutes les deux (tu m'emmenais partout depuis que j'étais née tu me gardais tout le temps avec toi, c'est toi qui l'as dit, et aussi que j'étais une petite fille modèle, moi je dis merci tant mieux, et que c'est comme ça que ça a commencé), tu as stoppé, descendu ta vitre, un grand sourire à ce grand type (mais quelque chose d'autre que le sourire s'était accéléré en toi), il s'est penché, tu as dit, c'est elle, c'est Nathalie, comme si c'était prévu de me présenter. C'était prévu. Il m'a souri, j'ai senti l'embrouille, je n'ai pas trop répondu. C'est cet homme D. sûrement qui t'a donné le courage, pourquoi pas… de te barrer de ta vie bourgeoise, de divorcer de l'homme qui t'aimait encore, celui qui te suppliait de rester, de laisser ton amant D., ton mari, qui abritait tes premiers succès dans sa boutique de prêt-à-porter Laura, juste en face de l'appartement, Sam, le père de tes enfants, Jean-Philippe et Nathalie, Sam, mon père, celui qui assumait l'éducation de votre fils aveugle, celui qui jusque-là t'avait protégée, tu as eu le drôle de courage de le quitter. Parce que cette vie avec lui ne te ressemblait plus. Ce n'était pas deux enfants dont un qui ne voit pas, un début de carrière, de confort, une peur qui allaient t'arrêter. Peut-être que tu n'avais pas peur ? C'est là où tu es dingue.

Tu es partie parce que tu voulais autre chose que cette vie blessée rétrécie,

Tu es partie parce que tu as joui dans les bras de tes amants,

Tu es partie parce que ce que tu voulais maintenant, c'était séduire tout le temps.

Tu es partie parce que c'était ta vie, tu allais avoir 38 ans, seule maître à bord de ton navire, personne ne t'en empêcherait.

3 mois plus tard, c'était Mai 68.

3,6,8. Un coup de dés jamais n'abolira le hasard. Mallarmé

Dans la beauté de la mêlée de Mai 68, il y a ta foulée, tu fondes Sonia Rykiel et il t'aime tellement, il t'aide, il te laisse son nom, je parle de mon père, c'est ta société maintenant, à toi, et tu ouvres et refermes sur les barricades ta première boutique, et tu exposes des livres en vitrine parce que des vêtements ça n'est pas assez, pas assez intellectuel pour toi, rien ne sera assez dorénavant, et tu feras tout ce que tu voudras et ça plaira, ça marchera. Tu décides d'enlever les ourlets, de mettre les coutures à l'envers, de plébisciter les jupes-culottes, les sacs en bandoulière, les mains dans les poches, pour que les femmes se sentent libres d'exister de courir de partir avec un homme ou un enfant – libre parce que c'est ta vie –, que c'est la seule qui t'intéresse et, miracle de tes intuitions, de ton talent, on peut dire de ton génie, elle coïncide avec la vie que les femmes veulent vivre maintenant.

Moi, j'avais cette mère éblouissante en même temps c'était ma maman, elle traçait, rien ne l'arrêterait, ça ne s'expliquait pas je le sentais, rien ne servirait de me mettre en travers de son chemin (le soir pour qu'elle ne sorte pas, qu'elle cesse de voyager, qu'elle reste avec moi) j'en avais marre de son sillage éclaboussant un mystère opaque, très mystérieuse ma mère, je ne pouvais pas me plaindre non plus, je le voulais son truc essentiel palpitant, son cœur vibrant qui aurait pu mourir après tout comme mon père du jour au lendemain, son truc malin intelligent brillant qui attirait des tas de gens intéressants, des pickpockets des pique-assiettes aussi, oui, mais quand même ça irradiait un peu de légèreté après tout ce spleen, de la fierté de la facilité du plaisir, *moi je voulais me coller à toi, rester avec toi, ça me vient de là*, cette mère qui séduisait, qui réussissait, qui bâtissait, cette immense mère magnétique ma toute petite maman que j'avais découverte secouée écroulée en pleurs inconsolable dans sa chambre parce que son enfant ne verrait pas, son enfant qu'elle avait eu après moi, après les quatre fausses couches juste après moi, est-ce qu'on peut imaginer ça, le désespoir les pleurs d'une mère à qui on apprend ça, à qui on ne laisse aucun espoir. Il fallait réparer ça...

Quand elle l'a su, on habitait avenue du Général-Leclerc dans ce bel appartement bourgeois entièrement bleu ciel en face de chez

Laura, le magasin de prêt-à-porter de mon père. Comment console-t-on sa mère ?

C'est là qu'elle a commencé, désœuvrée, désespérée, ses yeux étaient brûlés, il fallait tricoter quelque chose, une maille à l'endroit une maille à l'envers, tisser une nouvelle trame à la vie ou se vautrer dans le chagrin probablement, après une très grande douleur si on décide de vivre il reste quoi à perdre et elle ne se doutait pas qu'elle était douée, c'était juste pour s'occuper, penser à elle, se faire des habits pour elle rien ne lui plaisait et puis ça pourrait la divertir, c'était facile chez Laura il y avait des fabricants... Déjà, elle s'était fait couper une robe immense pour exhiber son bonheur et ses futures rondeurs à peine enceinte de moi. Là, elle s'invente un nouveau corps, plus mince, infertile, sculpte ses pull-overs à même la peau. Très vite, à peine quelques années plus tard, c'est un triomphe, ah ah ah, peut-être que je me trompe mais quand même c'est énorme, une journaliste américaine dans ses colonnes sacre Sonia, cette flamme incandescente *reine du tricot*, baptise ses petits pulls près du corps *poor boy sweater*, sans savoir que son petit garçon est aveugle, c'est insensé n'est-ce pas ? Et triomphé de quoi, on triomphe de quoi si ce n'est de soi ? En tout cas à partir de là, elle décide de tout, et aux commandes de sa vie elle se fout de tout.

Est-ce que c'est comme ça qu'on devient libre, quand on se fout de tout, qu'on a touché le fond, qu'on n'a plus peur de rien ? Mais peur, ça n'a jamais cessé, ma mère était la femme la plus anxieuse – avant de prendre l'avion tu tapes trois fois sur la carlingue, tu téléphones à peine arrivée, toutes les trois phrases, elle me disait : « Fais attention. » Elle me laissait des notes partout, sur mon bureau, des dessins, « Qu'est-ce que tu fais ? Fais attention ». Toute ma vie j'ai eu ça, quand j'étais petite, l'été, s'il y avait une guêpe qui rôdait dans le coin, elle me disait : « Ferme ta bouche » angoissée tout le temps ma mère, à la campagne à quatre pattes dans l'herbe elle décimait les trèfles à quatre feuilles pour en garnir nos portefeuilles, et malgré tout, du cran, elle a divorcé, avec cet enfant aveugle à élever.

Oui j'ai eu peur. À ma place d'enfant, de Nathalie, très peur. Voyez-vous, une seconde plus tôt, c'était mon père et ma mère et mon petit frère dans un appartement bleu ciel avec beaucoup de peine. Ma mère, c'était une jeune femme elle fonde un foyer elle apprend à cuisiner elle est fascinée par son mari, maintenant elle envoie tout valdinguer, je la trouve folle ma mère ou inconsciente, ou incroyablement courageuse oui et aussi, comment est-elle si sûre de l'amour éternel de mon père. Tout cela. Cet homme mon père, elle l'avait rencontré jeune fille, elle s'était mise sous sa protection, elle l'admirait terriblement, une jeune fille bourgeoise qui avait rencontré l'amour, s'était fiancée, mariée, deux familles juives ravies, cette vie qui semblait écrite, Sam un bel homme, une stature, un intellectuel cultivé qui avait réponse à tout, qui savait tout, qui lui apprenait tout, il y avait eu moi, ces quatre fausses couches après moi, et maintenant Jean-Philippe qui ne verra jamais c'est dégueulasse, cette sentence qui a déclenché le gong d'une autre vie pour Sonia (elle deviendra folle autrement dans l'appartement bleu ciel avec l'enfant aux yeux bleu ciel), cette sentence d'une autre vie pour nous tous.

Une autre vie, vous m'entendez ? Parce que moi, j'entendais des voix – dans la rue je marchais droit un peu trop droit ou carrément de travers – « Qu'est-ce que tu fais ? Rien, je joue, je m'amuse ». Vraiment, un autre vous parle, c'est discret parce qu'il est muet et vous seule l'entendez, il se cache à l'intérieur et ses mots sont des ordres qu'il faut exécuter, il menace de malheur ceux que vous aimez et vous pensez que peut-être vous êtes folle, mais vous n'osez pas désobéir, on ne sait pas avec ces trucs-là... Bonjour tristesse mélancolie aussi, ah peur et vous solitude, je ne vous dis pas d'entrer, vous êtes là...

Un jour j'ai confié ce secret à ma mère, elle m'a écoutée.

Elle m'a écoutée attentivement et elle m'a crue – merci maman –, marcher devant et puis en zig-zag et à reculons, sinon... La première chose qu'elle m'a dite, c'est qu'elle avait entendu des voix aussi quand elle avait mon âge et que c'était passé. C'était sa technique, je la découvrais, tout ce qui m'arriverait lui serait déjà arrivé avant. Tout ce que je ferais, elle l'aurait fait avant moi. C'est pour cela que je n'inventerai rien dans la vie, je ne ferai que répéter, broder sur ce qu'elle aurait créé. Dans ces circonstances précises, dans l'affolement et la solitude de ce dialogue avec ma voix, ce fut un immense soulagement, je me suis sentie moins seule, moins folle. Merci de m'avoir crue maman, d'être restée des heures à mes côtés ; en amour aussi, je t'ai bien saoulée, j'étais tout le temps amoureuse et désespérée, je te racontais mes histoires, rien ne marchait jamais, toutes les filles dans ma classe avaient embrassé, moi pas, toutes avaient de la poitrine, moi pas, elles avaient leurs règles, moi pas, elles avaient couché, moi pas. Plus tard, c'était mon grand problème – j'étais vraiment pénible –, je ne plaisais pas aux hommes, je resterais seule toute ma vie, et tu me répétais, tu plairas aux hommes, patiente, quand tu seras plus âgée, mais maman pourquoi attendre, pourquoi plus tard, pourquoi... je te le promets je te le jure, jure-le-moi encore maman...

Tu avais sûrement autre chose à faire, mais tu restais là près de moi, tu m'écoutais, tu me jurais qu'un jour je plairais aux hommes.

Donc elle part elle divorce, je n'ai pas dit que c'était facile mais elle le fait elle se barre elle laisse tout ça derrière. Enfin pas tout, elle embarque ses enfants ses tricots, elle ouvre la boutique Sonia Rykiel rue de Grenelle à Saint-Germain-des-Prés et s'installe à cinquante mètres rue des Saints-Pères dans un espace ensoleillé qu'elle peint du bleu marine le plus foncé possible. Elle abat les cloisons, partage la surface, d'un côté trois chambres pour Jean-Philippe elle et moi, de l'autre une immense pièce à vivre. Murs et moquette bleu marine, formidable bibliothèque en chêne courant d'un mur à l'autre et du sol au plafond croulant sous les livres, larges coussins noirs à même le sol, quelques fauteuils contemporains devant la monumentale cheminée où brûle un feu, néons rouges, argenterie russe étincelante, bouquets de fleurs sirotant l'eau glacée dans les seaux à champagne. Bientôt, les murs se couvriront de tableaux et surtout d'innombrables portraits de Sonia. À ceux qui pénètrent dans ce loft sublime – qui s'exclament, sont-ils dans une datcha germanopratine, dans un night-club familial ? oui, mais tous ces pots de confitures faits maison, ces samovars et puis l'on s'y sent aussi bien seul qu'à deux ou très nombreux –, elle insiste, amusée : « Ce n'est pas noir, c'est bleu marine foncé, laqué ! » Comme d'habitude, elle n'a écouté qu'elle, lumière (traversante), proportions (moitié loft, moitié chambres), matériaux (chêne, laque), couleur (bleu marine), conçu ce lieu pour elle, Jean-Philippe et moi et pensé à tout. Comme d'habitude, le résultat balaie toutes les conventions. Chic, bohème, confortable, sensuel, familial, totalement original, il lui ressemble. Et c'est terriblement beau.

Dans la famille vous imaginez ils sont très inquiets, le gong l'a frappée à la tête, elle est devenue folle ou quoi, se séparer, et puis Sam est fascinant tout le monde l'aime l'admire et leur couple beau solide lié aussi par Jean-Philippe – qui s'en occupera, elle ne peut pas faire ça...

Et puis tout bascule, la force n'est pas là où on pensait alors ? C'est Sonia qui s'envole devient connue, célèbre, gagne le plus d'argent. Sam est fier mais brisé. Elle vivra, il mourra. Elle n'était que l'aînée effrontée et rebelle, il ne fallait pas toucher à ses sœurs, maintenant c'est la chef, grâce à elle ses sœurs mais aussi ses parents, même ses beaux-parents, toute une famille sous l'emblème Rykiel, le nom de Sam qui est là aussi, l'ex-époux de Sonia, ils sont amis, il éduque Jean-Philippe, il est cool un peu bohème vie d'artiste mais triste, à la traîne, bientôt mort – Attends que j'aie vingt ans pour mourir quand même, papa. Il attend, à quarante-huit ans il meurt – une rupture d'anévrisme. C'est Sonia, éplorée, qui le débranchera…

Il y en a du monde à Bagneux le jour de l'enterrement de mon père, beaucoup de monde. Mon frère ne viendra pas – il n'y tient pas, il ne veut pas, il ne peut pas, je ne sais pas comment dire ça, je demande à mon frère, il me dit : « Laisse comme ça. » Ma grand-mère paternelle enterre son deuxième et dernier fils, elle survivra quelque temps. Ma mère se tient droite, elle ne pleure pas. Revenue à la maison, je ris aux éclats avec mon cousin qui ne me quittera pas, qui restera avec moi jusqu'à ce que tombe la nuit.

Respire, respire, tu n'en as qu'une, elle est à toi, il est mort, il était triste il était fragile, il se consacrait à ton frère, il fallait bien que quelqu'un se consacre à ton frère, mais il t'aimait, si, si, il t'adorait, je sais que tu n'arrivais à rien, que vous n'arriviez à rien, il était maladroit c'est tout, il t'adorait je te le jure, il est mort, maintenant tu pourras aimer et vivre, tu te sentiras libre, sauve-toi, prends-la cette vie, tu n'en auras pas d'autre, on te l'a dit, le temps est compté...

Je ne peux pas. Bouger, je ne peux pas. Je ne peux qu'être là. Rester là. Près de ma mère, de mon frère... Dans l'appartement terriblement bleu foncé, pas noir... Terriblement beau.

Je te cite: « Depuis la minute où elle est née – elle déteste que je dise ça, mais c'est la vérité –, elle a fait partie de ce que j'étais, de ce que je vivais, à tous les instants de ma vie. Tout en ayant sa véritable autonomie. »

Tu l'as dit, tu l'as répété, tu l'as écrit, partout, veux-tu que je le hurle ? Tu ne me laisseras jamais partir. Horrible et tellement rassurant.

Pour me sauver, tu m'as offert de défiler, je le dis comme ça, il y a des jours où je le pense, d'autres jours où je me dis que tu en avais envie, que tu croyais en moi, te forcer ce n'était pas ton genre... Qu'est-ce que ça peut faire, tu l'as eue cette idée de génie pour m'inclure dans le reste de ta vie. C'était royal comme cadeau, empoisonné ou pas, j'ai adoré, royal pour une fille de vingt ans prostrée qui avait *la beauté de pas tous les jours...*

La beauté de pas tous les jours, c'était une de tes inventions, un de tes trucs littéraires à la con pour dire avec des fleurs que je n'étais pas si belle que ça. Qu'« il y a des jours où tu me croyais plus belle... et d'autres où tu me trouves sublime ». Une fois que tu as bricolé ça tu es tellement contente de toi que tu le dis et le répète partout. Tu ajoutes, évidemment : « C'est la beauté que je préfère. »

Trop collées pour se regarder, on n'avait aucun recul l'une sur l'autre, on s'envahissait tellement, comment accommoder de l'intérieur ; alors se trouver belles, on s'admirait de tant de choses, mais belles ?

Je crois qu'on ne se trouvait pas spécialement belles. Bien sûr si tu étais là tu dirais le contraire, tu t'opposerais, juste pour prendre le pouvoir.

Combien de tes interviews commençaient par : « Non, pas du tout, c'est faux, vous vous trompez. »

Tu aimais que je me coupe les cheveux court, *à la Colette* tu disais, c'est comme ça que je te préfère, ça te va tellement bien. La question que tu m'as posée avec inquiétude, des années plus tard, la première fois que nous sommes sorties saluer ensemble au final du défilé, ce n'est pas si j'avais peur, si j'assumais, si j'étais contente ou ce que j'allais porter, non, c'est la hauteur de mes talons. Enfin, si je pouvais ne pas porter de talons, me mettre à plat, porter des ballerines – c'est si joli les ballerines –, je savais que c'était pour que je ne te dépasse pas. J'ai refusé. Cheveux courts, talons plats, et puis quoi encore. Ma beauté de pas tous les jours, surtout pas le grand jour ?

Moi je ne t'ai jamais trouvée belle, je te trouvais incroyable, hallucinante, dérangeante. Ma façon de ne pas te vivre écrasante sans doute, je me disais, on est tellement différentes, le jour et la nuit. Le jour passait son temps à rassurer la nuit, à te dire et te répéter que tu étais belle...

J'ai vingt ans, je ne peux pas bouger et tu m'offres ce beau cadeau empoisonné. Les collections se déroulent dans la boutique rue de Grenelle, on reçoit les invités – un cercle d'initiés serrés les uns contre les autres, attentifs, émus, il n'y a pas grande différence avec un salon littéraire, la passion qui anime chacun, les poèmes que tu déclames dans la bande-son, sauf qu'au lieu de présenter des livres ce sont des vêtements. Pas n'importe quels vêtements, ceux-là sont capables, comme certaines histoires, de faire pleurer les gens.

J'ai adoré. Après le défilé, j'étais ferrée. Je m'étais sentie vivre, je m'étais sentie belle, regardée et c'était la première fois. Tu as laissé passer quelques mois, je suis tombée amoureuse, je me suis mariée alors tu m'as proposé de te rejoindre et de t'aider... C'est après mon mariage avec Pierre que nous sommes véritablement devenues un couple toi et moi.

Je la rejoignais presque tous les jours au Twickenham, une petite brasserie littéraire à dix mètres de la boutique (à l'angle de la rue de Grenelle et de la rue des Saints-Pères). Il y avait là des éditeurs, des intellectuels, ce fut notre première cantine, avant le Flore. Au Twickenham, il y a eu cet homme qui te fixait sans jamais te parler, pendant des jours et des jours, ça te plaisait vraiment, tu me disais – regarde s'il me regarde, dis-moi s'il me regarde encore là, et maintenant il fait quoi, il me regarde ? La détermination et le désir dans ses yeux t'ont suffi pour l'aborder un jour… Trente ans plus tard, au Flore, il m'est arrivé la même histoire…

J'ai toujours déjeuné avec ma mère, si l'une de nous avait un rendez-vous, c'était très simple, on se décommandait. L'autre demandait un peu curieuse, un peu jalouse, qui était l'élu(e) du jour, c'est tout. On recréait une sorte de chez-nous partout, monomaniaques, commandant toujours la même nourriture. Au Flore (aile de poulet pour ma mère, crottin de chavignol sur toast Poilâne et salade de tomate pour moi, Coca Light toutes les deux) à la même table (celle de l'angle au 1er étage), chacune assise à sa place. Les affaires courantes, les trucs à se dire, les urgences étaient expédiés dès le coup de fil du matin. Parce qu'on s'appelait d'abord le matin. Déjeuner, ce n'était pas fait pour ça ; c'était pour être ensemble. Être ensemble, c'était la vie, l'état normal de la vie, ça ne devait pas servir à autre chose. Quelquefois une de tes sœurs, une de mes filles, se joignait à nous, d'autres fois nous prenions chacune une table avec une amie. Les intrusions étrangères étaient rares et brèves, quelques flatteries, salut, demandes d'autographes, ça te faisait plaisir, si quelqu'un arrivait, tu aimais me présenter – c'est ma fille, Nathalie. Plus tard, au Flore, tu n'avais plus à me présenter, on nous voyait arriver de loin, notre table était réservée à l'année. Elle l'est toujours, si l'envie nous prenait d'un déjeuner... Je ne dirai pas non. J'y suis souvent avec ton fantôme.

Était-ce une fausse route, un faux départ ?

Un faux départ, comment savoir, peut-être... Une erreur d'aiguillage, un dosage mal maîtrisé.

Si quelque chose dérape il faut en tirer leçon, le détourner à d'autres fins, se le réapproprier. C'est même recommandé.

15 mars 2001, collection automne-hiver au Carrousel du Louvre, déjà une demi-heure de retard. La salle bourrée à craquer de journalistes, d'acheteurs (un parterre de professionnels pas particulièrement tendres) manifeste bruyamment son impatience.

Vérifier une dernière fois que tout le monde est en place, les quarante mannequins impeccables papotent, flûte de champagne à la main (on leur retirera au tout dernier moment) en file indienne dans l'ordre de leur passage, coiffeurs et maquilleurs nains ou mannequins géantes – choisissez c'est pour visualiser – comme ventousés à elles retouchant un cil, une mèche, sommés de s'écarter par les superviseuses agacées qui se battent avec un grain de poussière invisible collé au vêtement. Quelques mètres plus loin les habilleuses au garde à vous devant les portants, déjà prêtes à s'emparer de leur mannequin pour la revêtir de sa deuxième tenue.

Repasseuses, retoucheuses, stagiaires, manucures, affairés bruyants sur le plateau trois minutes plus tôt soudainement invisibles et muets pour avoir la permission d'en être jusqu'à la fin.

Se débarrasser de la foule bienveillante d'amis de famille de proches d'inconnus venue picorer du glamour – et des photographes badgés et aussi des journalistes accrédités backstage (pourquoi vouloir voir l'envers des choses, apprendre à regarder les choses déjà). Il y a mieux, il y a les télévisions qui « suivent » un mannequin, un maquilleur, un coiffeur ou une journaliste (le pompon) – tout le monde est une star dans la mode, tout le monde est suivi par une caméra, souvent repartie avant le début du défilé !

S'en débarrasser

Il y a que tous ont envahi les coulisses dans un brouhaha joyeux et mondain et que c'est la foire et que nous, on travaille – une paire de chaussures a disparu, la retrouver – et il faut être aimable il y a des gens importants et je n'ai qu'une envie, m'en débarrasser.

Être tranquille me concentrer avec l'équipe – on a trouvé les chaussures quelle gourde cette habilleuse elle s'était encore trompée de portant, un verre est si vite renversé sur une robe, il y a trop de monde, vous ne comprenez pas et puis ma mère est fatiguée, ça suffit on va commencer sortez il faut le répéter plusieurs fois.

Gâcher son énergie pour ça

Juchée sur une chaise je parle à toutes et à tous, nous sommes une centaine de travailleurs en cabine il fait chaud, je rappelle quelques astuces pratiques et techniques, je récapitule les consignes pour les premières filles qui vont sortir sur scène. Je sais bien qu'au dernier moment, trop stressées, certaines oublient tout. Je m'exprime en anglais, c'est la langue des coulisses, la langue du spectacle, *english is fashion baby – everybody understands* tout le monde comprend, jusqu'au jour où trois filles russes lèvent timidement la main et me demandent de répéter en français.

Je passe le relais. Aux mannequins mais aussi aux habilleuses coiffeuses maquilleuses qui leur communiquent la force, je transmets le pouvoir. C'est leur défilé. C'est ce que je leur dis.

Six mois de travail reposent sur leurs épaules, cette collection, à elles maintenant d'en faire un succès. Elles ont dix minutes pour ça. Ce que j'attends d'elles ? Que chacune irradie, attire les regards, attise le feu. Comment ? Qu'elles se débrouillent, ça m'est égal, d'ailleurs si elles sont là, si nous les avons choisies, ce n'est pas uniquement parce qu'elles sont belles, c'est parce qu'elles sont habitées, parce qu'elles sont des femmes, des actrices (je cite malicieusement le nom de quelques amis metteurs en scène célèbres assis dans la salle).

J'en rajoute, je déborde, nous ne sommes plus rien elles sont tout, notre avenir entre leurs mains, ça devient sentimental presque mélodramatique je ne peux pas m'en empêcher – mon âme slave –, je suis totalement convaincue, je m'émeus moi-même, je les embrasse pour Sonia, pour moi, pour la *Maison* entière, alors bravo et je les remercie de faire ça pour nous, d'aller tortiller leur petit cul comme je leur ai demandé ou se déhancher ou être hiératique ou marcher comme des mecs ou déclencher un ouragan dans la salle selon les saisons, selon les humeurs, selon l'air du temps, parce que tout ce que je leur demande elles le font, je leur dis qu'elles sont des reines, qu'elles peuvent tout faire elles savent que je ne les humilierai jamais – elles me font confiance –, elles se sont roulé des patins entre femmes et avec des hommes aussi, elles ont marché au ralenti, elles ont fait du vélo, elles ont hissé un photographe de la fosse et l'ont fait monter sur scène parce que je leur avais demandé. Pendant plus de trente ans, parce que je leur demandais, elles ont souri et ri et parlé et chanté et dansé sur les podiums Rykiel alors que presque partout ailleurs dans la mode, on leur enjoignait de faire la gueule.

J'embrasse rituellement ma mère, jamais je n'ai commencé un défilé sans un baiser, jamais un défilé sans un baiser n'a commencé, jamais un défilé sans un baiser, elle se tient près de moi et se colle à son trou, elle est forte et tremblante mais ne tremble pas encore, je porte mon casque aux oreilles, vérifie que Michel Gaubert et Étienne Russo sont à la régie son et lumière, je prends la première fille par la main, l'attire tout contre moi, à la frontière qui sépare les coulisses de la scène, lui injecte mon énergie – tu es belle forte tu fonces tu te souviens ce qu'on a dit hein tu le sais, elle serre ma main on ne se lâche pas –, la réconforter me réconforte, lui parler la garder jusqu'au noir – fondues enchaînées, silence. Top départ.

– Noir salle.

– Noir podium.
– Go musique.
– Go lumière.

Ouverture serrée sur un tableau de huit mannequins en pose – au son du *Grand Choral* de Georges Delerue ma première fille s'élance, sophistiquée, démarche chaloupée, découpée au millimètre par la lumière, la poursuite élargit petit à petit son halo pour enclore les suivantes, aussi théâtrales. Elles en font des tonnes, minaudent selon mes instructions... Mais vingt mètres plus loin elles ne sont pas encore arrivées à l'extrémité du podium que la musique cafouille, scratche, se plante, une lumière blanche jaillit dans la salle. Oh cauchemar qui s'incarne... Mannequins filtrées à la douceur des watts soudainement blafardes, en flagrant délit de mimiques, de je me la pète, à poil, actrices sans planches allumées sans beauté et sans rideau pour se cacher, dirigées mais plantées, paumées, totalement désemparées, attendent quelque chose – qu'on les sauve – rien ne vient, attendent – c'est très long – le temps est très long, très inconfortable, des gens gênés toussent...

« Coupez, on recommence. Elle était bien celle-là ! »

La voix de François Truffaut dans *La Nuit américaine*.

La voix magnifique de François Truffaut dans *La Nuit américaine.* La voix rassurante de François Truffaut dans *La Nuit américaine.* La voix adorée de François…

C'était un effet. Une prise ! Vous êtes-vous fait prendre ?

Elles rebroussent chemin, petit sourire, clin d'œil au public, mais elles restent professionnelles, le temps c'est de l'argent au cinéma comme dans la mode, des effets ok mais rapides, il y a quand même dix défilés à voir dans la journée, on pense au public – la fashion week c'est crevant –, elles rajustent vêtements coiffures et accessoires, se remettent en place rapidement en fond de podium et recomposent le tableau de départ, impeccables.

J'éteins immédiatement la salle – noir, les violons et la trompette de Delerue enchaînent, envahissent à nouveau l'espace, pleinement cette fois on dirait, la première fille s'élance, pas de mimiques on comprend pourquoi, les autres suivent, la collection commence.

Ils ont frissonné, ils ont eu peur, s'il y avait une panne, le groupe électrogène, autre chose, ou si tout était cassé, très peur, merci, c'est gentil – je vous rends votre souffle suspendu, votre cœur arrêté, votre peur prêtée, votre amitié. Merci à vous qui nous aimez bien – si, si, parterre de la mode il y a de la tendresse en vous cher public, je viens de vous prouver que vous nous aimez, vous ne le saviez peut-être pas mais vous êtes venus en amis, vous n'aviez pas envie que quelque chose d'épouvantable se produise. Donc, dix minutes de concentration s'il vous plaît. La collection, c'est maintenant.

Alors, oui, j'avoue. J'ai passé ma vie dans la mode. J'ai travaillé dans la mode et je n'aimais pas la mode. Enfin, j'aimais bien mais ça ne m'intéressait pas particulièrement. Les couleurs de l'été prochain, les longueurs, les tendances. La fascination des femmes pour ça… On met ce qui vous va non ?

Ce que j'ai adoré, c'est faire équipe avec toi, c'est construire un écrin, une histoire, l'univers de cette femme qui t'obsédait, et creusé pour comprendre ce métier, ce que j'ai adoré, c'est convaincre, repousser les murs et les frontières, c'est plus tard embarquer les troupes avec moi sur de nouveaux projets, c'est persuader Robert Altman terrorisé de grimper sur notre podium au final d'un défilé pour annoncer le tournage de son prochain film *Prêt-à-porter*, et c'est le regard halluciné de Pierre Bergé quand il a vu son voisin Robert Altman quitter sa chaise et monter sur le podium, ce que j'ai adoré c'est décider de revendiquer notre histoire familiale, faire parler de nous, de toi, de notre différence, au moment où la mode est passée sous l'emprise des groupes financiers (tu m'as dit ça n'intéressera personne, je t'ai dit fais-moi confiance, notre histoire est unique), c'est installer des sex-toys glamour chez Rykiel au cœur de Saint-Germain-des-Prés, du jamais-vu en 2000, te le raconter et voir ta tête jalouse et fière, jalouse et excitée, ce que j'ai adoré, c'est te dire je vais faire marcher les filles comme si leurs mouvements étaient découpés dans un film au ralenti et que tu me regardes comme si j'étais folle mais capable de le faire, c'est, au lendemain du premier tour catastrophique de la présidentielle en 2002, démonter les vitrines et y installer des urnes en appelant à voter, c'est contacter les dirigeants d'H&M et leur dire qu'on devrait travailler ensemble, c'est quand tu me téléphonais : « Monte vite s'il te plaît », j'étais au quatrième toi au cinquième et rester des heures en essayage auprès de toi sans toujours te comprendre mais en sachant pourquoi tu faisais et défaisais et refaisais et moi faisant en sorte que tout le monde, toute l'équipe, toute la Maison et les fabricants te suivent dans ce cycle incessant de faire et défaire et refaire encore parce que c'est comme ça la création ça ne s'arrête jamais c'est suspendu au fil du créateur, jusqu'au jour où il faut te dire stop c'est fini maintenant et que tu m'écoutes, et qu'est-ce que j'adorais cinq semaines avant les collections décréter la date le lieu et l'heure et créer le carton d'invitation comme on frappe les trois coups, puis deux semaines avant quand la température monte et que les amis et les enfants inventent des prétextes pour passer au bureau, puis la dernière semaine quand le 175 boulevard Saint-Germain devient le centre nerveux du monde et qu'il faut enjamber des dizaines de mannequins, les plus belles filles du monde, en tout cas les plus grandes les plus minces, assises allongées répandues dans les escaliers à tous les étages de l'immeuble attendant leur tour pour le casting (et leurs voitures et leurs chauffeurs et leurs agents et leurs mères pour les mineures qui embouteillent les portes les couloirs, qui se perdent et se cherchent dans la Maison en anglais en slovaque en russe tout sauf en français) et les deux derniers jours quand pendant leurs essayages je fais répéter celles qui ont un rôle clef, qui ouvrent une séquence, la mariée quand les mariées concluaient encore les défilés, et le bouquet de la mariée qui y pense qui le commande qui s'en occupe, et ce rituel la veille au soir quand tu couds le ruban rouge sur mes passages pour nous porter chance et après tu nous laisses et tu rentres chez toi mais à peine arrivée le téléphone sonne et c'est toi. Et quand je monte au studio te faire entendre les bandes-son et puis seulement la musique des finals et puis quand je ne monte plus parce que tu n'écoutes plus... Et j'ai adoré appeler les plus grands couturiers, les plus grands créateurs, leur demander ce cadeau de m'envoyer en grand secret leur vision de la femme Rykiel pour tes quarante ans et t'offrir ce spectaculaire hommage de tes pairs au parc de Saint-Cloud et toi sur scène pas prévenue qui vois s'incliner devant toi ces trente merveilles presque toutes rousses, ces trente beautés qui te font la révérence et leurs auteurs qui te jettent des roses depuis la salle, et toi ravie mais même pas complètement stupéfaite. Comme si tout ça était normal ! Et quand je faisais percer ton trou dans la cloison pour que tu surveilles le défilé des coulisses, car quand ça commençait, à la seconde où ça commençait, après le baiser, le baiser du défilé, le baiser du jamais, tu te figeais, les yeux collés devant ce trou (plus tard on l'a remplacé par un écran de contrôle, il fallait t'asseoir), tu ne regardais plus les filles, tu ne les arrangeais plus, tu étais collée vissée à la salle... Et après la dernière fille, au final, je te prenais par la main, je te décollais de ton trou, mouvement de cheveux, une assistante te tendait ton peigne ou Delphine ta coiffeuse était là, ça se brouille un peu, et tu sortais saluer sur la musique que j'avais choisie pour toi...

Oui, je me foutais des fringues et pourtant c'est là que j'ai tout appris. Et que j'ai tant aimé, qu'est-ce que j'ai aimé ça, faire équipe avec toi.

Et le commencement ?

C'est sur son lit – j'ai quatre ans –, elle est allongée elle n'a pas le droit de bouger – grossesse difficile –, c'est sur son lit à côté d'elle que je m'installe au retour de l'école maternelle, c'est là qu'elle m'apprend à lire. Sa chambre est rose dans l'appartement bleu ciel, je crois que j'ai un pain au chocolat dans une main, ça fait des miettes sur les draps mais ça lui est égal, ce qu'elle veut c'est que je couse les syllabes les unes aux autres, je crois que c'est là que tout a commencé.

Maintenant j'ôte le capuchon, nous sommes assises à sa table dans l'immense salon bleu marine, la nappe a été coupée dans une chute de coton imprimé d'une ancienne collection, je place le stylo dans sa main, un feutre noir de la marque Pilot, elle écrit – nous essayons d'écrire.

Sur ses cahiers toujours à spirales toujours quadrillés (grands carreaux), sur ses cahiers noircis de notes et de dessins et de couleurs et de numéros et de recettes, sur ses cahiers – il y en avait toujours plusieurs en cours, dans son sac, sur son bureau, à la maison, et des blocs aussi, ne pas oublier les blocs, couverts de notes les blocs –, aujourd'hui ça déborde des placards il y en a des centaines des milliers peut-être, comme des carnets de peintres et de l'air du temps, ses journaux de bord je les ai tous gardés... Et sur la première page toujours la même chose – rituelle –, la chose écrite de sa main en haut à gauche, immanquablement, commençant dans la marge et dépassant, écrite au feutre noir de la marque Pilot, peut-être au début c'était une autre marque mais au feutre noir toujours, la chose écrite de sa belle écriture ronde et déliée sur la première page de chacun de ses milliers de cahiers, signant l'appartenance, ce prénom : *Nathalie.*

Je suis sincère, je peux mentir, tout en étant profondément sincère. Je suis sincère mais délicate avec les autres. Moi, je ne m'épargne pas. Ça ne plaît pas toujours. Ça met mal à l'aise, ça gêne, les gens n'admettent pas, souvent ils trouvent ça indécent et moi je ne comprends pas ce qui les dérange puisqu'il ne s'agit pas d'eux. Ce pourrait être indécent si cela parlait d'eux. Il y a donc des choses qui ne se disent pas... Mes fragilités, ils n'ont pas supporté.

Je suis forte et je dois être forte. C'est mon rôle. C'est ainsi qu'ils me veulent. Inébranlable. Dans ce corollaire, j'ai le droit d'être perfectionniste, autoritaire, je crois même qu'on me tolérerait injuste salope odieuse... On me pardonnerait peut-être parce que ça resterait dans la ligne.

Mais si je vacille, ils perdent leur repère.

J'ai dit que j'ai été si profondément déprimée que je pensais ne plus me relever et j'ai dit que j'avais adoré ma vie dans la mode sans aimer la mode, sans l'avoir voulu, que c'était simplement dû à un hasard ombilical, j'ai dit que j'ai aimé les hommes dans tous les sens, même dans l'absence, craintivement parfois, oui je l'avoue, craintivement effrontément aussi et, surtout, passionnément.

J'ai dit que j'avais soixante ans et que ma mère m'appelait maman, que ça me faisait quatre filles – je ne vous demande pas pardon mes filles, je vous aime plus que tout et je vous ai tout donné et si je vous ai tout donné, c'est parce que j'ai tout reçu, vous le savez bien qu'elle aura été la grande histoire de ma vie...

Il y a le coup de fil matinal, depuis mon départ de la maison à vingt ans nous nous appelons tous les jours. Ta voix a changé, souvent tu es inaudible. Ce matin tu chuchotais, tu voulais savoir quand serait la prochaine collection. Je te donne une date, ça te rassure parce que je te dis, ça n'est pas tout de suite, je te dis que c'est dans longtemps, je situe les choses, tu ne sais pas où tu es, tu veux que je te ramène chez toi, tu ne sais pas que tu es chez toi, je t'explique : ouvre les yeux regarde où tu es, ton appartement tu l'adores – oui d'accord.

Dis, moi aussi je navigue entre nos deux appartements et je monte et je descends ces dix-neuf marches en manteau en chemise de nuit, le jour la nuit, les mains toujours pleines de quelque chose pour toi et je redescends toujours quelque chose chez moi, vases communicants et repères spatio-temporels brouillés, et quand j'avais mal à la tête tu disais moi aussi j'ai mal à la tête, je m'énervais, je disais, non maman, c'est moi qui ai mal à la tête, tu ne peux pas tout prendre, tu ne peux pas tout avoir, moi et mon mal de tête, laisse-moi au moins ça.

Dis, moi non plus je ne sais pas, à combien de mois d'années d'heures de la mort sommes-nous maman ? Je voudrais savoir. De la vie on sait. Mais de la mort – à combien de temps de la mort sommes-nous ? Que nous reste-t-il, que nous reste-t-il ensemble ? Ça fera mal, après. Je voudrais me préparer, me protéger, mettre quelque chose autour de nous, si je pouvais au moins mettre quelque chose autour de moi…

… Ce matin j'ai trouvé : arrêter d'attendre que tu meures. J'ai décidé de condamner à mort cette partie de moi qui attend ta mort. Il n'y a rien à faire et puisque je ne peux pas me protéger, cela ne sert à rien. Il faut arrêter. Cela fait des années que je me prépare et je ne suis toujours pas prête. Je ne le serai jamais. Et quand tu seras morte, je ne serai pas prête non plus, mais je n'aurai plus à me demander comment ce sera, juste à vivre, à vivre avec toi pas là, sans me dire que tu risques de mourir à chaque instant.

Je ne peux pas imaginer le chagrin, celui de sa perte, ce chagrin-là est inimaginable, j'aimerais bien pourtant, il me semble que l'avoir anticipé m'aiderait le jour venu. La première fois que j'ai accouché, je me rappelle la veille avoir essayé de toutes mes forces d'imaginer le sentiment de plénitude et de bonheur quand mon enfant serait là. Imaginer ce bonheur, je n'y arrivais pas. C'était trop grand pour moi.

Arrêter de me demander comment ce sera quand elle ne sera plus là…

Parce que j'adore m'occuper d'elle, qu'elle ait besoin de moi, qu'elle me réclame, qu'elle m'appelle maman... Les conversations, les échanges les regards, c'est fini, la circulation de l'air surtout, ça ne circule plus, ça bruissait avant, on ne pouvait pas se saisir de son air, c'était beaucoup dans le mouvement, l'air la frôlait puis volait dans tous les sens parfumé chargé de désir, désormais avec la béquille quand elle la pointe comme elle pointait le doigt pour désigner quelque chose ou quelqu'un mais elle n'a plus la force maintenant, tout est plat, la tension est plate l'énergie est plate. Mais, *mais le son de sa voix, le timbre de sa voix et puis son regard...*

Elle est triste. Elle, triste ! Que faire, comment la réconforter... Voudrais-tu rencontrer cette femme, elle est psychologue, elle accepte de venir si tu le souhaites, vous pourriez parler, veux-tu essayer, tu verrais... Cela t'aiderait peut-être ? « Physiquement, elle est comment ? » Tu exagères maman, mais en même temps tu m'as caressé la joue et j'ai su que tu étais contente.

Marie-Laure est venue vendredi. Nous avions rendez-vous chez moi afin de discuter avant de monter te voir. C'est une femme de cinquante ans, intelligente, qui m'a été chaleureusement recommandée.

Le matin même, en t'embrassant, je t'ai rappelé le rendez-vous, tu étais calme et même souriante.

À deux heures et demie, tu n'es installée à aucune de tes places habituelles. Ni assise à la grande table où tu dessines, les cahiers les feutres les brouillons posés devant toi (fin de matinée, fin d'après-midi), ni allongée dans ton fauteuil paquebot devant la télévision généralement branchée sur la chaîne Mezzo (début d'après-midi).

Je te découvre à l'autre extrémité du salon, affaissée tremblante les fesses débordant de la chauffeuse en velours noir, face à la fenêtre, les yeux plissés – trop de lumière –, une main agrippée à ta béquille rouge, l'autre accrochée à Jo.

Ça ne va pas. Et je sais que c'est foutu.

Marie-Laure attend discrètement dans l'entrée, je me dirige vers toi, te rappelle doucement le rendez-vous.

Tu te souviens. Tu es d'accord. Tu ne veux pas t'asseoir ailleurs, tu ne veux pas être plus confortable, tu préfères rester là, courbée, sans dossier, près de cette fenêtre, devant cette lumière trop forte qui t'éblouit et garder serrée la main de ta soignante. Tu préfères être mal. Tu es tellement mal. Qu'elle vienne. Très vite. Dans la maladie aussi tu es souveraine. Dans la souffrance tu gardes les commandes.

Même moi tu m'impressionnes. Et je me sens coupable, vis-à-vis de cette femme qui vient de traverser tout Paris en métro, à ma demande, parce que je l'ai persuadée de relever ce défi – t'épauler, te réconforter, t'accompagner, je suis certaine Marie-Laure que vous saurez l'aider – et vis-à-vis de toi, que je n'ai pas réussi, une fois de plus, à soulager.

J'approche un fauteuil pour Marie-Laure. Elle s'assied.

Maman, voix très faible : « Pas trop près ! »

Marie-Laure, tétanisée, se lève, éloigne immédiatement le fauteuil, le tourne de côté.

Maman, chuchotant : « Vous comprenez c'est très difficile, et puis j'ai des rendez-vous cet après-midi… »

Moi : « Oui maman, justement c'est avec Marie-Laure que tu as rendez-vous. »

Marie-Laure : « Je m'appelle Marie-Laure X, je suis psychologue. »

Maman : « C'est vous la psychologue ? »

Marie-Laure : « Oui madame. »

Maman : « Levez-vous et marchez. »

Moi (chuchotant) : « Maman, elle est psychologue, pas mannequin, s'il te plaît. »

Marie-Laure se lève et marche, aller et retour sur toute la longueur du salon, revient, se rassied.

Maman, audible : « C'est bon, j'ai vu. »
Marie-Laure : « Qu'est-ce que vous avez vu ? »
Maman : « Je ne vous le dirai pas… »

Toi, la reine du tricot, la femme la plus « *sensuous* » du monde, celle aux innombrables amants, féminine sans avoir tenté de l'être, c'est tellement étrange d'avoir entendu ma grand-mère Fanny te décrire désobéissante, insolente, grimpant aux arbres, garçon manqué rebelle aux pulls troués, insupportable n'écoutant rien, la rendant folle, ne t'avoir connue moi que maternelle et somptueuse et te découvrir dans le grand âge comme dans l'enfance ainsi décrite, la même, indomptable, coléreuse, enragée parfois. Comment aurais-je pu imaginer, quand tu m'appelles maman ou que tu me fusilles de tes yeux verts, me retrouver un jour l'égale de ma grand-mère ?

Mon échelle de valeur c'était toi. Au début, ce fut une souffrance, je ne savais pas si j'avais un goût à moi, si j'existerais en dehors de toi. J'aimais ce que tu aimais, ton œil avait façonné le mien, ils regardaient « pareil », appréciaient pareillement la beauté l'insignifiance et la laideur, préféraient les volumes trapus (ou alors Giacometti), les couleurs entières, les proportions 2/3 1/3, les nombres impairs, le chêne massif, ce qui brille, le chocolat, les hortensias, les grandes tasses pour le petit-déjeuner... On détestait les frous-frous, les mijaurées, les cols serrés, l'amateurisme. Ça aurait pu s'arrêter là. Non. On aimait le kitch, le même genre de kitch et aussi chatouiller les limites, quand un truc parfait dérapait juste comme il faut, le mauvais goût qu'on savait rendre beau ça nous faisait jouir, un canard qui dirait « je t'aime, allez, répète après moi », un Père Noël en caoutchouc anti-stress qui faisait pouêt-pouêt et son zizi qui sort, on restait des heures à rigoler, un pull-over qui clignoterait *Je suis la plus belle.* On aimait le luxe et le luxe pour nous c'était ça, une fourrure ou des poupées en plastique strassées attirées par un aimant et qui s'embrassent. Le luxe c'était beaucoup travailler et s'amuser aussi. Notre vrai luxe, notre grand luxe, on le savait bien, c'était d'être toutes les deux.

J'étais sincère tu jouais le mensonge, j'aimais le clair et toi le sombre, j'étais dans l'ombre et toi dans la lumière, je riais tu cultivais le mystère, je me sapais tu portais un uniforme. Tu m'as laissé tout faire depuis le début, il faut croire que tu avais confiance... Surtout, tu m'as laissé le temps, tu m'as abritée et je me suis trouvée.

Presque à mon insu quelque chose avait germé en moi. Je l'avais réalisé des années auparavant le jour où tu étais venue visiter la maison où je venais d'emménager avec Simon et nos deux filles aînées. Il fallait voir ta tête. Tu allais de pièce en pièce, absolument stupéfaite. Ça te plaisait, visiblement ça t'étonnait, ça ne te ressemblait pas, oui c'était chez moi et c'était vraiment moi, une version inconnue sans doute de toi, un peu anglaise aussi puisque mon mari l'était, et tu t'extasiais dans chaque pièce. Quoi, j'étais une autre que toi, tu n'avais pas réalisé peut-être, ça te fascinait, tu n'en revenais pas – pourrais-je te prêter ça, l'apporter demain au bureau, où avais-je trouvé ça…

Tu fleurissais ta vie de la mienne, nommant le père de mes enfants à la tête de l'affaire, raffolant d'être grand-mère ; tout le monde était content. Tu étais devenue une icône, une rock-star, moi je sentais la Maison battre contre mon pouls, je la sentais pulser, respirer. J'y suis enfin, je respire, je sais où je suis, qui je suis, à quoi je sers. La Maison, je la vois se rider, je l'aide à se lifter, on me reconnaît du talent, j'ai quarante ans, presque le même âge et connue à mon tour. À tes côtés j'incarne ce nom de mon père, nous sommes des femmes de la maturité.

Nos habits les mots... On s'habillait de mots, Il y avait toujours un dictionnaire, des bouquins, des livres d'art, qui côtoyaient les épingles et le mètre de couturière dans le studio. Les collections démarraient comme ça, tu t'installais par terre près des fenêtres, les assistants sortaient des placards les boîtes classées par couleurs, les rouges, les bleus, les verts, les gris, les jaunes, les beiges, les marrons, les roses, toutes les couleurs... Dans chaque boîte, des centaines de morceaux de tissu, de bouts de laine, de scoubidous, d'échantillons, de rubans, glanés çà et là dans toutes les nuances imaginables de chacune des couleurs. Établir la gamme, c'était composer une proposition cohérente de douze coloris (noir et naturel inclus) dans lesquels serait déclinée la collection prochaine. Cela pouvait durer des semaines, il ne fallait pas se tromper, on allait teindre, on vérifiait l'intensité du rouge, le sablé du beige, le marron trop chaud ou un peu trop froid, il faudrait descendre le jaune, trop fort pour la rayure multicolore peut-être. Couleurs *first* puis tissus. Toutes les heures, les rendez-vous avec les fabricants, ceux qui avaient la chance d'être reçus par toi, les sélections s'accumulaient dans le studio par petits tas, jusqu'au jour fatidique du choix de tissus, jour barré d'une immense croix dans l'agenda. Ensuite, tu donnais les premiers croquis à l'atelier. Venaient les mots. Tu me demandais, tu n'as pas des envies de mots ? Tu me fais des listes ? Sur les pulls, sur les sacs, les ceintures, les bijoux *Black is beautiful*, *Passion*, *Magic*, *Romance*, *Bohème*, *Touch wood*, *Champagne*, *Forever*, une fois, sur un sex-toy : *Heureuse ?*

On voulait tout nommer, c'était une maladie, la maladie d'amour des mots. On les adorait, on s'en toquait, on les usait comme on use un tissu. Les couleurs on les baptisait, elles s'appelaient Sienne, Hortensia, Désert, Pas Sage. (Ah ! les commerciaux expliquant aux clients plus tard dans le showroom, ou mieux par téléphone, les nuances de la couleur Pas Sage !) Il y avait les mots des livres en vitrine, les citations électroniques sur les marches de l'escalier de la boutique, *Et mes fesses, tu les aimes mes fesses*, et puis des poèmes des soupirs des rires des paroles dans les bandes-son des collections, jusque dans les coulisses je suspendais des panneaux pailletés constellés d'injonctions rigolotes pour les mannequins *Smile, you are more beautiful when you smile !* J'ai même demandé aux mannequins de parler pendant un défilé. Pourquoi se taire ?

La Beauté Rayée, c'était tout ce qu'on aime, le classique (la qualité, le beau, le bien fait) avec ce quelque chose en plus qui déconne, qui souligne, qui déglingue, un magnifique sac, dans une peau sublime, molle douce, la femme Rykiel ne fait pas trop dans le rigide le raide (le croco oui, d'accord) – sur les canapés on s'écroule mais avec une attitude –, un sac, dans une couleur dingue, dingue mais juste, enfin là je conçois que ça devienne difficile à suivre, parce que dingue mais juste, ça peut être un rose saumoné qui en temps ordinaire, en d'autres circonstances, peut être une couleur atroce au teint j'en conviens, mais sur ce sac Bottega Veneta que je t'ai offert cette année-là, le rose saumoné était poudré si doux et tendre que nous nous sommes pâmées tes sœurs et mes filles aussi quand tu as ouvert la boîte, et même moi qui l'avais choisi et toi tu as dit Ohhhhhh. Je t'avais acheté le noir aussi dans une taille plus petite, les deux avec des bandoulières, les sacs en bandoulière c'est ton truc – on n'a qu'à dire que c'est toi qui as inventé les bandoulières, on n'est plus à ça près, tiens tu vois je m'y mets, c'est facile dis donc –, je ne reviens pas sur le côté pratique, on a compris qu'une femme doit avoir les mains libres.

Sur ta liberté je veux revenir encore et encore, ce n'est pas la fin du livre, pas tout de suite, il n'y aura pas de point à la fin de ce livre, c'est bientôt la fin de toi maman, tu vivras dans les livres je te l'ai promis, tu m'écoutes, n'aie pas peur je suis là je ne bouge pas, écoute ton histoire, je veux aussi qu'on sache que tu te foutais de tout, si quelqu'un démissionnait terrifié, me suppliait de te l'annoncer, mais tu t'en fichais, à la minute où on te quittait c'était fini, oublié, je me fous du passé, aucun état d'âme, la seule chose qui compte c'est de continuer, d'avancer. Je ne dis pas que c'est bien, je dis que c'était ta force. Et que je m'habille autrement qu'en Rykiel ou que je mélange les marques ou pas de marque, d'ailleurs ça t'inspirait, tu adorais ça, en voyage on faisait du shopping, c'était tellement intelligent cette vision avant l'heure, moi avec mes Prada ou mon Chanel ou mes n'importe quoi, icône de la marque sans se travestir en femme sandwich. Ta plus grande intelligence c'était ta liberté.

Au bureau ta porte était fermée mais tout le monde pouvait entrer. Tu étais en essayage, l'attaché de presse poussait la porte, il frappait oui mais entrait en même temps, le téléphone sonnait, un assistant passait la tête, un autre avait juste une question à te poser si ça ne te dérangeait pas, ça ne te dérangeait jamais, tu t'interrompais. Ça me rendait dingue. Je voulais qu'on te laisse te concentrer, qu'on prenne rendez-vous pour te parler, qu'on groupe les demandes en fin de journée, que ton assistante centralise. Ils comprenaient, ils étaient d'accord. Je n'y suis jamais arrivée. C'est toi qui à chaque fois rouvrait ta porte. Que se passe-t-il, il ne se passe rien, il n'y a personne, pourquoi vous n'entrez pas, il n'y a pas de demandes, si, tu veux quoi, entre. Tu voulais tout savoir, tout contrôler, rien ne devait se faire sans toi…

Le temps avait passé, j'avais prolongé le matriarcat familial avec ma troisième fille, ma maison, ma déco, mes trouvailles, mes idées, tout cela existait, les articles sur moi, sur mon style et surtout sur le renouveau de Rykiel que je conduisais… Ça me plaisait d'être utile aussi à ça, c'était nécessaire et ça me déculpabilisait parce que, maintenant que j'y pense, jamais tu ne m'as félicitée, ni bravo ni rien. Je veux bien nuancer, tant que tu maîtrisais, ça allait. Mais après, maman, comme si ça te menaçait…

Je suppose que j'étais dure, à la tête de cette entreprise, tu me l'as dit parfois (je crois que tu confondais, je devenais forte) attention tu es dure Nathalie – ah bon, parce que toi tu te trouves douce – mais comment faire, cela m'a toujours surprise, ce potentiel de dureté en moi alors qu'on se sent vulnérable et l'envie d'être protégée et quand on rentre le soir... Mais c'était difficile dis donc maman, être ta fille et me faire entendre, diriger l'affaire, veiller sur toi, te protéger de toi. C'est vrai aussi que réussir, et le pouvoir, et être connue, ça m'a plu.

Tu étais malade, ça a mis le temps, insidieux galopant doucement par paliers, et puis j'ai divorcé, et puis j'ai pris le pouvoir, tu m'avais toujours répété, je me demande bien pourquoi, pour ce jour-là ? « Le pouvoir ça ne se donne pas, ça se prend », un jour, je l'ai pris, il le fallait, ça ne t'a pas plu, je faisais tellement attention à toi mais quand même ça ne t'a pas plu, tu n'étais pas partageuse. Tant que tu régnais... Mais tu vieillissais et tes amis, certains t'ont dit de te méfier – quelle honte, personne n'a jamais pu nous séparer –, tu devenais trop faible tu le savais mais après moi le déluge, et le divorce, mon mari parti, j'étais seule, présidente et seule, plus de *cream team*, plus de *team* plus de *cream* du tout, juste la crise, j'ai tenu et, plus tard, quand il a fallu, j'ai vendu, partiellement d'abord, je n'y croyais pas que je faisais ça, c'était la seule chose raisonnable à faire je l'ai faite et, en même temps, je déménageais, je venais m'installer un étage au-dessous de toi, parce que ça, ça ne se discute pas.

Quand très malade tu insistais pour descendre au bureau, certains jours tes forces te le permettaient, je voulais l'empêcher, je ne savais pas ce qui te ferait plus de mal que de bien, je voulais te protéger mais comment. Tu serais venue sur les mains. Là-bas, la vie continuait, les affaires, la collection heureusement se faisait. Tu arrivais, ton fauteuil, ton bureau, ton miroir étaient là mais tes marques s'échappaient de toi, que ça continue sans toi ça te perdait, tu étais perdue, tout était perdu, alors forcément tu te dispersais, tu voulais tout revoir, il fallait tout refaire devant toi, prendre le temps pour ça, tu t'affolais tu critiquais, c'était nul, tout était nul. J'aurais tellement voulu t'épargner ça. À ton équipe en or, à ton équipe si respectueuse, je dis merci encore une fois ici. Tu avais demandé quelques mois plus tôt qu'on t'apporte mon emploi du temps, la liste de mes rendez-vous, de mes interviews, j'ai dû t'empêcher de contrôler ma vie, sans broncher, discrètement, gentiment (oui, c'est possible, ce n'est rien, maman a dû se tromper, je verrai avec elle, ne vous inquiétez pas), rester près de toi, te supporter (c'est en anglais que je préfère ce verbe, qu'il prend toute sa signification, *to support*: soutenir et supporter). Il fallait que j'invente quelque chose, te protéger et m'affirmer en même temps, faire un rempart de nous deux et poser un buvard entre nous deux, c'était douloureux, j'avais du succès et le moins qu'on puisse dire c'est que ça t'embêtait – il n'était pas question, le plus longtemps possible, que les autres voient ce que la maladie faisait de toi, mais ça se voyait que tu n'étais plus toi.

Le truc le plus dur, le truc le plus horrible, un des trucs les plus horribles, c'est quand j'ai dû te faire comprendre que tu ne pouvais plus aller saluer sur scène, à la fin des défilés. Quand j'ai dû t'empêcher d'aller chercher tes bravos...

Tu sortais maman, tu attendais ce moment en coulisses, ton moment chéri, pendant le défilé tu n'étais plus debout collée au trou, tu étais assise devant un écran, une minute avant le final on te levait tout doucement, cheveux, musique et tu sortais sur la scène mais tu tenais à peine debout maintenant, tu tremblais, appuyée sur ta béquille rouge côté gauche, et devinez sur qui de l'autre. Je te disais, on reste là, tout le monde te voit, on n'a pas besoin d'avancer, mais tu y allais, tu titubais pour aller chercher ta drogue... La collection était plus ou moins réussie, ce n'était pas non plus nos meilleures années, je me défonçais pour rajeunir l'image et la salle t'observait décliner de saison en saison. Fille, je ne supportais plus ces regards sur toi – combien de temps encore, semblaient-ils dire – et femme d'affaires, il fallait maintenir cette illusion que tu signais une mode jeune, glamour, ah *fashion* ton univers impitoyable, et toi maman tu ne voulais rien lâcher... Tu pensais pouvoir tout te permettre, tu pensais pouvoir mentir toujours, toi obsédée par ton miroir qui ne l'écoutais plus ne le regardais plus, tricheuse, tu pensais vivre ce qui t'arrangeais comme ça t'arrangeait, tu pensais mourir sur scène en jeune première, tu te foutais de tout ce que tu avais construit ou quoi, ce qu'on avait construit, l'avenir ou quoi, et tu m'as laissé le beau rôle, tu m'as laissé l'horrible rôle, maman, de te dire que c'était fini. Tu m'as forcée maman. Tu m'as violée. Tu le savais très bien que tu ne devais plus sortir, saluer, comme si la collection tu l'avais créée, mais jamais tu n'aurais renoncé, plutôt crever. Et personne bien sûr n'aurait osé te le dire... Personne ne t'arrêtait jamais, déjà enfant avec ta mère, tu as toujours fait ce que tu voulais. Alors je te l'ai dit, je suis venue te voir, un peu comme si je venais t'assassiner, ton bourreau de fille matricide – c'est comme ça que je me sentais –, je suis venue t'enlever un des trucs qui te faisaient le plus plaisir au monde et dans l'état où tu étais, il n'y en avait plus beaucoup. Je ne sais plus quels mots j'ai employés, j'étais terrorisée, je t'ai expliqué que tu ne devais plus jamais sortir sur scène toi l'actrice, récolter les bravos, les hourras de la foule, jouir de ça, c'était fini pour toujours, la mode c'était l'image le rêve la beauté, la déglingue aussi oui mais la déglingue maîtrisée, étudiée, et toi tu étais malade et vieille et ça se voyait, et déglinguée oui mais déglinguée pour de vrai. C'était fini. Compliqué de brancher Rykiel si Sonia s'exposait débranchée à ce point.

Une si grande souffrance pour nous deux, je ne me rappelle plus où c'était et quand – bien sûr que je me rappelle – c'était dans ton bureau, avant un défilé, il faisait sombre, j'ai rassemblé mes forces tu m'as transpercée – les yeux verts – et tu as lâché : « Donc, tu vas saluer seule ? » C'est cela que tu as dit, à ta fille usurpatrice, tu as dit ça et c'est ça qui est resté, cette culpabilité. Depuis longtemps, j'allais saluer avec toi, sans avoir jamais dessiné un vêtement. Un jour, tu m'avais pris la main, par amour, par reconnaissance, parce qu'on faisait tout ensemble *the cream team*, tu pensais que j'avais droit à ma part de bravos, ou tu voulais me l'offrir, et depuis des années nous sortions rituellement main dans la main.

Il allait falloir que je sorte seule. C'était quand même une sacrée punition. Pas de styliste maison intronisée, elles étaient plusieurs à dessiner la collection mais tu ne l'aurais pas accepté. Qu'est-ce que j'allais foutre seule, sur ce podium, saluer – saluer, au nom de la Maison, il fallait me faire une raison.

Je t'ai dit: «Je vais t'installer au premier rang dans la salle si tu veux... Voudrais-tu que j'emmène les stylistes saluer, ou la première d'entre elles, ou je pourrais emmener les stylistes et la chef d'atelier, ou l'atelier au complet, nous viendrions devant toi nous incliner...»

Bon. Je sortirai seule.

Plus tard, tu as fait le vide. Quand tu as senti que c'était fini, que ça foutait le camp, que malgré ton courage, tes efforts, P de P t'avait volé le contrôle, tu n'as pas capitulé, simplement tu n'as plus voulu voir personne. Tu n'as plus voulu qu'on te voie. Ce qui te restait de lucidité, comme toujours tu l'as utilisé pour te regarder. Miroir, mon beau miroir... Et quand tu t'es vue, tu n'as plus accepté qu'on s'approche. Ce qui te plaisait le plus chez les autres, c'est ce que tu lisais dans leurs regards, alors maintenant, tu penses... Rideau terminé *finish*, *the end*. On ne parle pas de beauté, d'ailleurs tu es toujours belle. On parle d'être la reine. J'ai écarté tout le monde, certains ont cru que je te séquestrais. Il n'y a plus que tes sœurs et ton fils et ton gendre et ton beau-frère et tes petites-filles pour venir. Et un cousin. Et deux neveux. C'est ce que tu as décidé.

Tu disais, *Je suis debout!* Avec ta copine Marylou, dans les années 1980 votre truc c'était ça, *Je suis debout*, ce signe de ralliement, très beau, très *Women's lib*, un peu indestructible. Moi, envie de me coucher quand c'est trop dur. Je n'ai pas honte de le dire, ce n'est pas de la faiblesse, c'est une question de caractère. Je suis très très très courageuse, je fais face, j'assure grave, je peux compter sur moi – mes filles en premier peuvent compter sur moi, normal, mon frère, mes proches aussi, et toi. Tu es debout oui, mais les yeux clos tu t'en es toujours remise à moi et moi, les yeux bien ouverts, droit devant, et si ça devenait trop dur, comme parfois dans ma vie, je pourrais être tentée de me coucher, mélancolique je me coucherais bien, je ne vivrai pas à n'importe quel prix, moi, ce n'est pas mon combat, je ne m'accrocherai pas.

Ça peut changer, parce que je m'exalte quand on me dit quelque chose de tellement beau… Je suis slave, c'est peut-être à cause de ça, je ne sais pas.

Ce que je sais, c'est que c'est avec ça que j'écris et que je parle à mon papier.

Quand j'écris, tu sais, je parle à mon papier.

Je ne tiens pas spécialement à être admirée, je ne veux pas être adorée moi maman, je suis comme tout le monde, je veux être comprise, je veux juste être aimée.

Mais comment se tissera le fil du souvenir ?

Tu veux des bagues. Comme ça, ce matin, je suis venue t'embrasser et tu as dit, Je voudrais une bague. Tu as précisé : une bague en jade. Je suis étonnée et contente de ton désir, immédiatement je veux le transformer en plus grand désir. Toujours plus, c'est moi, c'est plus fort que moi. On pourrait jouer au bijoutier par exemple, je descends chez moi, je vais t'en apporter des bagues, tu m'attends ? Je laisse tout, j'avais un rendez-vous je l'annule, c'est ce que je fais quand je le peux et qu'elle émet un souhait, je me dis, vite, elle a envie, profitons-en, maintenant, tout de suite, c'est tellement fugitif, il y a ce risque de la perdre, elle, et ses envies. Elle doit le savoir elle le sait, c'est pour cela certainement que depuis peu, à toutes ses demandes elle ajoute : « Dépêche-toi. » Elle n'a plus le temps. On n'a plus le temps. Combien de temps... Je redescends chez moi – dix-neuf marches –, j'ouvre mes placards, mes tiroirs, je prends la pacotille, le vrai, mes bagues, les siennes, je frotte, que ça brille, vite fait, ce n'est pas terne mais j'aimerais que ça brille spécialement, ça monte voir maman, c'est la fête les bagouses, je les dispose sur un petit coussin de velours et l'ensemble sur un plateau, le grand jeu, je remonte les dix-neuf marches – tiens il n'y a pas un film d'Hitchcock... non, c'est *Les 39 Marches* –, il ne s'est pas écoulé cinq minutes – elle n'a pas bougé, Marie à ses côtés lui tient toujours la main...

Bonjour, très chère madame Rykiel, vous avez souhaité contempler de la joaillerie, la place Vendôme s'est déplacée pour vous. Je m'agenouille avec mon plateau, elle reste sérieuse, elle ne rigole pas elle n'a jamais tellement rigolé ma mère – quand même j'essaie, ou est-ce pour Marie la garde-malade que je fais le pitre ? non, c'est dément, j'essaie encore de faire rire ma mère ou au moins sourire, m'en fous, tellement contente qu'elle ait envie de quelque chose... Je dépose le petit plateau sur ses genoux, ce n'est pas trop lourd ? Et là, elle sourit. *The real thing !* Bien sûr, les diamants les brillants la beauté, il n'y a que ça qui lui plaît, qui renvoie un peu d'éclat dans ses yeux, que ça pour lui arracher un sourire – tellement mignonne, elle me dit, Tu me les donnes ? Comme si tout ça était une blague une vaste fumisterie, comme si on était deux petites filles et qu'on jouait à la marchande, comme si mon plan avait marché – ah, je voudrais bien y croire, elle, elle y croit. Je lui dis, C'est à toi et à moi, prends ce que tu veux, et elle les prend n'importe comment, en vrac, ça tombe ça lui coule des mains, elle ne sait plus les tenir, les enfiler, plus de bagues à cha-a-que doigt, les bagues dégoulinent dans les bras du fauteuil profond, je les récupère, puis elle aperçoit la boule en jade. Elle la pointe du doigt – de la suite dans les idées ma mère – et, adroitement, l'attrape. Tu me la donnes ? Elle est à toi maman, c'est ta bague en jade, donne ton doigt, on l'enfile, elle est trop grande maintenant, on va la mettre au majeur, tu es magnifique.

J'ai pensé tellement de fois qu'il valait mieux qu'elle meure, elle souffrait tellement, elle était si dépendante, humiliée et j'ai craint tellement de fois qu'on m'annonce sa mort quand je m'absentais, elle allait si mal, j'ai espéré aussi qu'elle meure quand elle souffrait trop la folle, alors dimanche dernier, quand elle a progressivement été secouée de spasmes inhabituels, je n'arrivais pas à joindre le médecin, je l'ai imaginée là, secouée à mourir, proie d'une fausse route respiratoire, mourir bêtement comme ça chez elle d'un hoquet fatal, d'un spasme plus électrique qu'un autre et c'est là que j'ai compris, malgré son état et malgré toutes ces années à son chevet et toutes ces épreuves et toute cette fatigue et toute cette tristesse, que je n'étais pas, mais alors pas du tout prête.

J'ai peur de ce qui s'estompera...

Tu n'aimais pas les trucs que tout le monde aime, qui plaisent aux autres, une petite brise, une promenade, un massage, déjeuner dehors sur la terrasse quand il fait beau, et le vent, tu détestais le vent, ça te foutait les cheveux dans tous les sens, le vent c'était ton ennemi, il balayait ta frange, tu ne supportais pas qu'on touche à ta frange.

Retenir, te retenir

New York, Greenwich Village. Une limousine noire nous suit pas à pas, parce que bientôt, tu seras trop fatiguée pour marcher. On s'arrête partout. On entasse les *shopping bags* dans la limo.

Chez Tiffany's, quand ils font une vente, les vendeurs frappent trois coups sur le comptoir parce qu'ils n'ont pas le droit d'encaisser. On dîne au Russian Tea Room. Nous descendons dans ton hôtel préféré, le San Regis, où tout est frappé de tes initiales.

Retenir le souvenir

On est parties, invitées à Honolulu, maman tu te rappelles, on a mis une semaine à récupérer du décalage horaire et aussitôt il a fallu rentrer (le soir du défilé tu t'étais endormie !) et à Londres au Carlyle quand en chemises de nuit transparentes cheveux mouillés on a tiré hors de la chambre la table de notre dîner et que la porte s'est refermée sur nous et maman quand je t'ai demandé de faire un passage rose parce que je voulais jouer *La Vie en rose* et une heure plus tard je suis remontée au studio parce que ce serait superbe d'enchaîner avec *Blue Moon* et tu as recommandé quinze pulls bleus après les douze pulls roses et le jour où tu m'as dit : « Barbara, tu es sûre pour un final ? », j'ai dit : « Absolument. » Je vivais un chagrin d'amour alors tout le monde a pleuré au final. C'était sublime, pas très approprié peut-être mais émouvant, c'était comme ça chez nous, c'était la vie chez nous, dis, quand reviendras-tu, maman.

Piocher...

À Paris. Je savais bien que ce serait la dernière fois et toi aussi certainement. C'était mon anniversaire. Tu ne sortais presque plus. Il y avait ce manteau excentrique chez Prada, fourrure imprimée panthère, une envie, une folie, je l'avais photographié pour te le montrer. J'en rêvais, enfin mon rêve c'était que tu viennes avec moi, que tu l'aimes sur moi. Nous avons essayé... Tu as essayé, je sais que tu avais envie de ça, me faire ce plaisir. À nous deux, nous serions fortes, ce serait comme avant. Jouer, faire encore un peu semblant... La voiture est restée stationnée devant le magasin de l'avenue Montaigne... Et toi dedans maman. Je suis sortie habillée du manteau sur le trottoir – comme une pute peut-être ou une salope – pour te le faire admirer, et ç'a été mon dernier cadeau.

Et ça

Le manifeste des 343 salopes, elle a dit partout qu'elle l'avait signé, elle ne l'avait pas signé. Parce que ce qui compte, c'est l'intention. Ce n'était quand même pas sa faute si elle faisait fausse couche sur fausse couche, elle rêvait d'être mère de famille nombreuse, d'avoir des médailles et une marmaille, alors avorter, faut pas exagérer ! Même si elle avait voulu, par solidarité, pour le geste, elle ne pouvait pas, c'était une impossibilité. Elle a dit qu'elle l'avait fait. Ça n'avait aucune importance. Selon elle, ce qui comptait, c'est qu'elle l'aurait fait.

Ce qui comptait c'est qu'Anna, sa tante, avait avorté et que toutes les filles de la famille :

Elle, Sonia quand elle était enfant, mais aussi Janine, Françoise, Danièle, et Muriel n'oublieraient jamais qu'elle était morte, Anna, d'avoir avorté.

C'est vrai, ma mère est une menteuse et de toute façon, c'est connu, les femmes sont toutes des salopes…

Chaque fois que je me raconte l'histoire, chaque fois que je revois la scène, ce n'est jamais exactement la même histoire, jamais exactement la même scène. Mémoire remuante d'une vie gisante…

La maison en Normandie tu l'avais achetée quand mes filles étaient petites, on serait ensemble les week-ends, en plus de la semaine, on serait ensemble tout le temps…

Tu l'avais appelée Tarla, cimentant les prénoms de Tatiana et Lola, Salomé n'était pas encore née. Au fond du jardin il y avait un court de tennis, mon mari était très bon joueur et chaque année, en juin, nous recevions. Enfin, tu recevais. Au bureau, ton assistante était chargée des invitations, elle photocopiait un joli dessin de ta main, l'itinéraire, autoroute sortie plan d'accès au village à la maison, prière de cocher la participation au tournoi, celle des enfants (tournoi homme, femme et enfant s'il vous plaît !) ou pas, si oui, préciser le niveau de tennis, rsvp obligatoire, etc. Avec le recul, c'était plutôt bien foutu. Ton mec faisait l'arbitre, le mien gagnait ou parfois laissait gagner nos hôtes, une soixantaine d'amis au moins (dans amis il y a famille) se retrouvaient pour une partie champêtre devenue au fil des ans un vrai rendez-vous, presque une institution, la Coupe Tarla. Les *to do lists*, courses et préparatifs culinaires nous occupaient toute la semaine précédente, il fallait aussi choisir les coupes et les médailles pour les gagnants, faire broder aux armes de Tarla de jolies serviettes pour les perdants. Nous arrivions la veille à plusieurs voitures bien chargées et, dès ton réveil le dimanche matin vers huit heures tu convoquais dans ta chambre... les uns après les autres, la gardienne aux fourneaux depuis huit jours, le gardien qui devait négocier les bancs de l'église avec le curé pour les installer provisoirement sur le court de tennis, ainsi que répartir tables et chaises dans le jardin, ton mec qui évaluait le niveau des adversaires pour les opposer dans le tournoi (tu n'y connaissais rien mais tu contestais systématiquement), ta sœur chérie qui était elle aussi venue le samedi – elle n'en avait pas toujours envie mais comment refuser, elle n'allait pas en faire une salade avec toutes ces salades à assaisonner (lentilles, betteraves, poivrons, pommes de terre). « Danièle, tu partiras avec moi, samedi ? C'est toi qui réussis le mieux les vinaigrettes », elle n'y échappait pas… Pendant ce temps, Simon vérifiait tranquillement la qualité des balles sur le court.

Moi, tu ne m'aurais pas réveillée, tu n'aurais pas osé. De ta tour d'ivoire au troisième étage, tu attendais que je monte te voir. Je prenais mon petit-déjeuner tranquillement, je savais ce qui se passait là-haut, le défilé, la revue des troupes, comme si j'y étais. Tu trônais dans ton lit, l'air sévère, malgré tes petites nattes sur la tête, ton cahier sur les genoux, ton feutre à la main, des listes étalées partout sur ta couverture je te disais « Et le plaisir dans tout ça ? », visiblement tu ne comprenais pas, l'humour tu n'en avais pas, et les ordres valsaient et tu commandais (ça me va bien, je suis exactement comme toi je ne lâche rien je veux tout contrôler, c'est la seule façon pour que ce soit parfait – et le plaisir dans tout ça Nathalie ? Au moins je sais d'où je viens). Et puis enfin, vers midi tu descendais…

On les voyait s'avancer dans l'allée ceux qui arrivaient les premiers, toujours les mêmes, les mains pleines de victuailles, de livres, de cadeaux, de gaieté, il y avait quelque chose d'amical de familial de répétitif, contents et blasés de se retrouver (ou était-ce moi parfois)... Les enfants grandissaient, de nouveaux venus attisaient la curiosité, les femmes se faisaient belles. Elles portaient des robes fleuries, de jolies espadrilles, presque toutes quelque chose de Rykiel, ce n'était pas allégeance, c'était le premier cercle de l'élégance – moi aussi je me faisais belle, j'avais envie d'être belle.

Comme dans un film, il faut un générique, le temps que l'on s'installe, se repère – les affaires de tennis ? Dans la pièce dévolue au vestiaire. Je t'ai apporté ça, je le mets où ? Que l'on dépose les terrines et spécialités de chacun sur la console des salés, les gâteaux sur la grande desserte des sucrés (les tables dégoulinent de nourriture, il y en a partout, et encore en cuisine) et des bonbons, des guimauves, des chocolats, et la maison est belle, bien sûr dans le jardin les rosiers sont en fleurs, le temps que les positions se prennent – où est Sonia ? j'ai un cadeau pour elle –, que les anxieux courent s'échauffer avant que les matchs ne débutent, le temps de quelques arrivées supplémentaires, le temps que tout se mette en place...

Un instant plus tard, on peut regarder partout, une action douce, paisible, un panoramique nonchalant, un fief romanesque, la campagne en France. Du thé dans le jardin d'hiver où l'on parle politique, où l'on hausse le ton parfois, partout ailleurs on se restaure, des joueurs et des spectateurs sur le court en permanence, à l'ombre dans le hangar on a dressé une table de ping-pong, on entend le bruit lointain et rassurant des balles, des longues balles de tennis et des courtes balles de ping-pong, souvent mon frère joue du synthé dans le jardin, une bande de jeunes assis autour de lui. Partout il se passe quelque chose, on est là mais pas non plus obligés d'en être, on peut rester seul, ce n'est pas impoli, certains allongés dans l'herbe ou plus loin sur un banc discutent, d'autres sur des chaises longues lisent, ou font la sieste, pour parfaire ce tableau ma cousine dans un rocking-chair brode au point de croix. Quand la fête tombe le jour de la finale de Roland-Garros, ce qui arrive souvent, la télévision reste allumée dans le salon. Des enfants, des petits-enfants, selon la hauteur de l'ancien qui les cherche, se cachent dans les chambres de la maison, pour se dévoiler leurs sexes certainement, ou fumer des pétards, ou déjà faire l'amour peut-être. Ce n'est ni Ibiza ni Formentera, c'est Tarla, vous pouvez demander à ceux qui étaient là...

Rien n'était forcé. C'est l'idée que l'on peut se faire d'un bel après-midi, de l'harmonie de la tranquillité, allez, un moment de bonheur. Entre parenthèses (tranquillité, bonheur). Ne pas écrire de mots effrayants. Superstition. Une image, un mouvement, une peinture, oui. Sans gommer non plus ce qu'il y a certainement de sombre dans la vie de chacun en ces moments. Fin de journée, on se rassemblait sur le perron de la maison et, pendant ton discours et la distribution des trophées dont je m'acquittais, on savourait les pizzas fraîchement sorties du four, on picorait les restes délicieux, on se félicitait de cette journée, de se connaître, de ces beaux enfants, de cette vie tout de même. Il y avait toujours un verre levé pour toi, vive Sonia, merci Sonia, et des bravos. Avant de s'embrasser, de se séparer, de reprendre la route.

Un de ces jolis dimanches paradisiaques, au milieu de tout ça, de cette journée sans nuage, il y a cinq ans, vers seize heures, on commençait à servir le thé, tu es tombée. Rien de grave, une bêtise, tu as eu un peu mal, on t'a installée sur un des canapés dans le salon, tu m'as dit Ce n'est rien chérie, les matchs ont continué, tout a continué, puis de plus en plus mal, Philippe ton beau-frère t'a conduite à l'hôpital, c'était en fin d'après-midi, j'ai attendu que le tournoi se termine, fait les discours et remis les médailles, une fracture de la hanche, une belle journée, magnifique, splendide, un petit moment de bonheur, qui aurait pu durer plus longtemps, au moins cinq ans. Ce n'était qu'une simple chute, ce n'était pas la fin du monde, c'était le début de la fin.

Vous la voyez, ma mère en chaise roulante, sur les trottoirs de Saint-Germain-des-Prés ? Vous l'imaginez, avec sa fierté ?

Il y a eu l'opération, la rééducation, la béquille (je t'ai offert une canne splendide, le pommeau sculpté d'une rose rouge, tu n'en as pas voulu, une canne c'était pour les vieux, une béquille de pharmacie n'induisait rien d'aussi définitif), il y a eu le déambulateur et puis tu t'es retrouvée en fauteuil roulant.

Privée de démarche. Oui madame, c'est par là, d'abord, que tu as été frappée.

La démarche, c'était ton postulat de base, ton secret de fabrication, ton théorème de séduction, ta substantifique moelle. La façon de se tenir, de marcher, tout était là, c'était là qu'était enfoui le mystère, là que se cachait le b.a.-ba de la femme Rykiel.

Je te revois l'inculquant à mes filles petites, les regardant déambuler dans l'allée devant la maison avenue du Maine, « les pieds légèrement en dehors chérie, rien de pire qu'en dedans, une femme qui marche en dedans c'est terrible, c'est petit, pas généreux, pas sexy, étriqué, cul serré ». Je te revois apprenant à défiler à Anne Rohart qui est devenue une star, elle était très belle, elle faisait des photos mais impossible de marcher avec des talons, elle s'écroulait. Tu lui as dit : « Viens au bureau je vais t'apprendre », elle est venue, de long en large elle arpentait le showroom à tes côtés, tu levais la tête, tu lui jetais un coup d'œil, tu lui disais : « Dans la rue, comme un homme, tu t'en fous, les mains dans les poches, regarde la foule, tu te marres » sans jamais faire allusion aux talons, et le soir : « Maintenant ça suffit, rentre chez toi avec les chaussures et ne les quitte plus, tu dors avec », et Anne est devenue une déesse des podiums et toi, cruauté, c'est ta démarche qu'on te prend en premier... Oui, ta folie douce, c'était les chaussures, surtout les semelles compensées, tu les achetais par dizaines, quand tu aimais une paire, tu la prenais dans toutes les couleurs vert, taupe, rouge, noir. Mademoiselle, vous n'auriez pas aussi un bronze un peu mordoré ?

Privée de chaussures maman, ta vie tu la finiras en chaussons.

Hein, la garçon manquée qui faisait le mur, mentait, désobéissait (on raconte que ma grand-mère, quand elle était excédée, te répétait : « Sonia, je ne te souhaite qu'une chose : une fille aussi dure que toi… »), qui trompait, enfantait, inventait, divorçait, oui je te parle à toi la pionnière, la fière, la qui m'aime me suive, la solitaire, tu as compris que maintenant c'est fini, que tu ne peux plus rester seule, tu le sais que tu n'es plus en sécurité seule, quand une soignante s'en va c'est une autre qui arrive – avant que l'autre s'en aille, je l'exige. Toi qui as toujours commandé, dis, tu réalises que tu dois demander de l'aide, je sais, c'est insupportable, et bientôt ça reviendra à demander la permission. Oui, un jour, ce sont ces femmes-là qui décideront pour toi, ce sera leur bon vouloir, je ne suis pas toujours là – c'est trop de chocolat ça suffit comme ça, une sieste, allez madame Rykiel, ça vous fera du bien – mais toi maman, tu pourrais tuer pour moins que ça, une sieste – qu'on te dise quoi faire ! Tu te fais petite fille pour ne pas leur déplaire mais dès qu'elles ont tourné la tête, tu prends des airs de conspiratrice, tu me chuchotes : « Tu as vu, tu vois bien, je vais te dire, c'est impossible, ça ne peut plus continuer, elle dit que je suis méchante, elle me bat, elle m'abandonne, elle me laisse la nuit toute seule, elle va retrouver un homme j'en suis sûre et elle ne revient pas, jamais, pourquoi tu ne me crois pas, je te jure Nathalie, elle est méchante… » et quand elle revient tu lui prends la main.

À l'intérieur tes organes te serrent. Ton corps te gêne, il se rétrécit, se rétracte. Tu es empêchée. Envoûtée. Quand tu peux, tu déchiffres : « Une prison dedans. »

Tu es possédée. Les crises, on croit les connaître, les nommer, les apprivoiser – j'arrive, je me suis dépêchée, je voulais partager ce gâteau avec toi mais celle de cinq heures s'est pointée plus tôt –, on ruse, avec les médecins on pense les soumettre – mais vicieuses, démoniaques, elles se déguisent, se métamorphosent, qu'est-ce qu'on peut faire, on ne sait plus quoi faire…

Je prends ton carnet, le dernier, celui avec *La Grande Odalisque* que je t'ai rapporté de l'exposition Martial Raysse, abandonné sur le dessus de la pile, je l'ouvre. Je te lis, je lis ton écriture devenue chaotique :

Je ne parle pas si bien... tout se déglingue... où es-tu... reviens...

Les esquisses avortées, les couleurs torturées, les noms mutilés, les phrases inachevées, les pages gribouillées, les dates mélangées...

Pas besoin de miroir
TU-TE-VOIS
Je le sais, diminuée dépendante emprisonnée

CRUAUTÉ-MA-BEAUTÉ
Alors, ce qui t'appartient, ce que tu décides, ce qui est toi et ce qui est à toi, je le détruis parce que
ÇA-NE-SERT-PLUS-À-RIEN

Décider de ce que tu voudrais manger *poubelle*
Ta carte Amex avec le code, ouvrir ton courrier *poubelle*
Demander qu'on change l'eau des fleurs qu'on ajoute des glaçons qu'on recoupe les tiges – qu'on fasse l'argenterie *poubelle*
Les invitations aux premières de cinéma expos théâtre – demandes de signature de pétitions – préfacer un livre *poubelle*
Dédicacer un portrait de toi envoyé par la poste avec une enveloppe timbrée pour la

réponse, je refuse d'imiter ta signature, de m'engager en ton nom, on me le demande, mais tu es là, tu n'es pas morte, tu ne peux pas, ce n'est pas la même chose, *à la poubelle*

Tes clefs je les garde – je garde ton miroir, c'est ma lueur d'espoir si tu voulais te voir

Téléphoner aux aurores le matin à ta sœur et après ton petit-déjeuner lire un livre tranquille au lit *poubelle*

Ta signature, ton chéquier, ta carte électorale *poubelle*

Choisir tes vêtements *poubelle*

Voyager *poubelle depuis longtemps*

Quelle chaîne de télé regarder *poubelle*

Tu te fous de tout – quel jour on est – *poubelle*

Ton discernement Ton désir et Ta liberté à la poubelle

Je jette la poubelle elle n'est pas assez grande

Les ordures ne pourront jamais contenir ta vie

Et que fait ta vie dans les ordures

Quelle hérésie

Dans les chiottes dans ce désordre je tire la chasse et je vomis.

Je viens tous les jours. Je t'ai toute à moi. J'ai tout organisé pour que ta vie soit la plus douce possible. Mais la douceur, tu t'en fous, tu t'en es toujours foutue. De temps en temps tu concèdes d'une voix excédée, Nathalie tu es merveilleuse, et avec un soupir tu m'envoies balader (les autres tout le temps), tu as mauvaise grâce de le faire, je veille sur toi comme sur mon enfant. J'ai rencontré un médecin formidable, disponible, humain, comme il n'y en a plus. Ensemble nous faisons le point avec le neurologue, le psychiatre, le kiné. Je suis aux commandes d'une équipe de soignants dévoués qui se relaient auprès de toi. J'achète tout ce dont tu as besoin et des éclairs au chocolat, des guimauves, je varie les plaisirs, je fais tes menus, je t'apporte des feutres de toutes les couleurs pour que tu dessines encore et encore – si, c'est bien, je te jure – et toujours ceux de la marque Pilot pour écrire en noir sur tes cahiers et du parfum et du maquillage et Annie la manucure vient régulièrement et Delphine qui te coiffe depuis toujours et j'ai mis du gazon sur ta terrasse pour que tu puisses y poser tes pieds nus…

Je n'ai pas de mérite, je n'imagine rien d'autre, je remercie juste d'avoir les moyens pour tout ça. Oui, ça me fait du bien, ça me répare un peu de m'occuper de toi, un peu de la souffrance, seulement un peu, même si tu n'es pas une tendre, pas facile à dorloter… Tu m'appartiens maintenant, à moi qui t'ai si longtemps appartenu…

Et puis un jour, j'ai compris que c'était tout le contraire, que je m'étais trompée, splendidement trompée. J'ai compris que m'occupant d'elle comme de mon enfant, la berçant la calmant la gâtant la surveillant la grondant l'adorant, je ne me préparais pas à la perdre, idiote que j'étais. Au lieu de l'accompagner doucement vers la fin et de me protéger un peu...

Je nous embarquais toutes deux dans cette autre histoire, où maintenant elle est mienne comme j'ai été sienne et tu dépends de moi comme moi enfant j'ai dépendu de toi – crayons coloriages couches manger marcher c'est l'heure de se coucher docteur s'habiller température signature cauchemar donne-moi la main garde-la tu es chaude. On dirait, exactement pareil, exactement le contraire (émerveillement espoir création/naufrage désespoir destruction) que c'est ainsi, berceau et cercueil d'un même bois, que ça se terminera.

Elle tremble. Ma main, elle tremble. J'ai peur. Bien sûr j'ai peur. J'avais demandé si c'était héréditaire. On m'avait dit non, pas spécialement. C'est ce que j'avais retenu, pas spécialement. Pas spécialement rassurant. La mère de ma mère puis ma mère, la même maladie. Et ce midi à table il y a ma main qui tremble. Ma fille baisse les yeux, elle voit cette main, la main de sa mère qui tremble, elle se lève.

Ce n'est pas la première fois. Ça ne dure pas mais merde, c'est là. Plusieurs mois. Plusieurs mois que je l'ignore. Il y a une jolie expression pour dire qu'on a rien d'essentiel – c'est justement de dire qu'on a un tremblement essentiel. On tremble, c'est tout.

Après, comme mon tremblement essentiel se reproduit fréquemment, je questionne un ami neurologue. Il me dit : Quand tu trembles, peux-tu commander à ta main d'arrêter de trembler ?

Je commande et ma main obéit. Rassurant. Les choses rentrent dans l'ordre, pour le moment.

Fermer les yeux. Milliers, milliards de taches de rousseur filantes…

Elle voyait des enfants voler. Ça aurait pu être poétique, féerique, des enfants ailés. Elle voyait aussi des gens qui n'étaient pas là mais surtout des enfants. Et tu ne voulais plus t'approcher des fenêtres. Je voulais t'emmener sur la terrasse, je l'avais aménagée pour toi et toutes ces fleurs, et le parasol chanvre qui s'inclinait exactement à l'angle de ton fauteuil, et les coussins, je les avais fait faire sur mesure couleur chanvre, table chanvre, tout était parfait, tellement joli. Tu n'avais jamais voulu arranger ta terrasse, la rendre confortable. Quarante années que tu vivais là, il a fallu que tu lâches pour que je m'en empare, comme le reste, que je le fasse pour toi, malgré toi, pour t'obliger à profiter, à respirer, à t'allonger dans un fauteuil à l'ombre d'un parasol, pieds nus dans l'herbe, avec une petite brise parisienne, la vue que tu aimes, jouir un peu de ça, *enjoy maman* et même ça tu te l'es refusé, même ça tu ne l'a pas eu.

Parce que, quand tout a été terminé, au printemps, juste avant ce dernier été, tu voyais des enfants voler. Tu me disais, Il y a des enfants, on les balance dans le vide, je les vois, on les jette, ils tombent, au-dessus de la terrasse, je les vois voler. Tu étais terrorisée.

Puisqu'il n'y avait plus de miroir de collections d'hommes de journalistes d'amis, puisqu'il n'y avait plus personne à séduire que ton médecin de temps en temps, tu aurais bien tout éliminé de ta vie. Tu ne voulais plus du déjeuner familial du dimanche, cette effervescence te fatiguait. J'ai tenu bon. C'était le seul moment où la famille se réunissait encore autour de toi. Ils arrivaient vers treize heures trente, on t'installait à ta place, centrale autour de la grande table, autour du déjeuner, les fleurs les gâteaux carottes râpées rôti de veau riz noir baguettes aux céréales salade du bon chocolat bien sûr des framboises et des œufs durs, quoi qu'il arrive des œufs durs pour Muriel, cafés longs pour les uns, serrés pour les autres serrés les uns contre les autres et merde, toi le pilier je te donnais à manger, tu te débrouillais seule quand tu pouvais, à quatorze heures trente précises, le portable de la soignante sonnait, l'heure des médicaments, parfois dès quatorze heures quinze quelque chose avait commencé à disjoncter doucement ou à l'heure pile se rétractait brutalement, ce n'était pas prévisible, rien de ce qui t'arrivait n'était prévisible, sauf ce qui finirait par t'arriver, alors on se regardait avec mes tantes on se concertait discrètement fallait-il avancer la prise d'un quart d'heure, oui, ça t'apaiserait et nous soulagerait parce qu'on était là, mais la crise suivante reviendrait de toute façon et on serait parties. À table, tu ne supportais plus les conversations auxquelles tu ne pouvais prendre part. Tu disais, Taisez-vous, mais on ne t'entendait pas, on n'entendait plus rien de ta voix. Il fallait que je réclame le silence pour que péniblement tu exprimes, quoi, on ne savait pas, on ne comprenait pas, on disait, Oui tu as raison d'accord bien sûr. Ton intelligence fonctionnait, et c'était pire que tout, les conversations reprenaient, ça t'énervait. Les rires t'énervaient. Il ne fallait pas rire, c'était tragique, il ne fallait pas parler, c'était trop fort, c'était trop vite, mais c'était la vie et la vie continuait et que fallait-il faire, il fallait se cacher, partir, se taire, pleurer ? La musique t'énervait. Qu'on s'en aille t'énervait. La vie des autres t'énervait. Tu t'énervais. Tu ne supportais plus rien ni personne et tu ne te supportais plus…

Et après ce repas dont on ne savait pas s'il t'avait un peu rassurée, un peu réchauffée, ou si c'était seulement nous, ou s'il nous avait tous déprimés un peu plus, mais y avait-il un autre choix que d'être là avec toi, ça ne les amusait pas, n'était-ce pas le minimum d'être là – il était pour toi ce repas du dimanche maman –, eux repartaient dans l'impuissance de voir ta vie s'étioler ainsi, de voir ta colère quand tu en avais la force exploser, de t'abandonner avec ta soignante, ta prochaine prise de médicaments (à dix-sept heures), ton fauteuil incliné devant la télévision en boucle allumée, ton salon bleu marine foncé, sans espoir de rien du tout, toi qui as ennobli cette famille de ton talent de ton originalité de ta réussite de ta générosité, qui leur as offert à tous cette fierté, il leur restait leur vie à vivre. Personne ne pouvait t'aider.

Je les laisse partir, pas tout le monde en même temps, tu ne voulais pas qu'on soit là mais tu ne veux plus qu'on s'en aille, j'attends un peu, je reste, je débarrasse, je te prends la main, je t'embrasse, puis je te préviens que je vais y aller, que j'y vais, je te rappelle où je vais, tu te souviens, là, juste en dessous, dix-neuf marches, tu n'as qu'à taper avec ta béquille, appuyer sur ton téléphone, pour que je remonte.

À chaque fois que je pars, dès que je quitte ton champ de vision, il y a ta voix qui arrive avant moi à la porte : Nathalie !

Oui maman ? Je reviens sur mes pas. Il faut absolument que je te parle. Mais, nous venons… Oui, j'ai encore beaucoup de choses à te dire et on n'a jamais le temps.

Ok, demain alors, je t'appelle ? C'est notre rituel…

Et tu avais peur, tu avais très peur. Nous n'avons jamais parlé de la mort. Avant. Tu étais du genre à ne pas vouloir savoir, à ne rien vouloir savoir, du genre à me dire sérieusement que tu seras là quand je serai vieille, du genre après moi le déluge, du genre où, les quelques fois où j'ai vaguement essayé, j'ai vu le feu dans tes yeux verts et je n'ai plus jamais recommencé.

J'avais bien compris que tu ne me dirais rien de ta mort, que ça n'existerait pas, que ça ne faisait pas partie de tes intentions de mourir. Ça aussi ce serait pour moi après, un genre de cadeau, un genre de fardeau que tu me laisserais.

Une histoire qui n'aurait pas de fin…

Tu voulais une histoire qui ne finirait jamais, elle est là, c'est celle-là, celle que je te raconte, celle de cette petite fille rouquine turbulente, cette Fifi Brindacier, l'aînée de quatre sœurs, cette jeune femme qui s'affranchit, devient libre et décide de vivre sa vie, ah oui elle le décide, c'est un truc qui se décide, c'est vrai elle est douée géniale narcissique, elle invente une mode – un mode de vie – c'est une pionnière dans son domaine, elle construit un petit empire, ne lâche jamais rien et surtout pas le pouvoir, devient une star, une icône, c'est une femme qui a un destin, qui récolte tous les honneurs et toutes les récompenses mon commandeur, mais tu vois ses petites-filles l'appellent toujours Mamie et elle leur raconte des histoires et elle leur envoie des colombes imaginaires, c'est une grand-mère qui veut séduire les hommes jusqu'au souffle dernier dans son lit allongée.

Et pour vivre tout ça, elle a besoin des autres…

Ses sœurs ses enfants ses parents ses amants ses assistants ses fans des passants, il lui faut de l'amour une scène un public son miroir des regards, il faut tout ça pour séduire et régner...

Tu voulais être la reine et tu l'as été, la reine des pull-overs, la reine de la famille, la reine du monde, c'est toi qui l'as dit un soir à New York, un dîner mondain dans les années 1980, l'homme assis près de toi ne te connaissait pas, il t'a demandé gentiment, pour draguer peut-être, Qui êtes-vous ? « Moi, je suis la reine. » La reine ? « Oui, la reine du monde », c'est M. qui me l'a raconté, le type était abasourdi, toute l'assemblée s'est marrée, tu étais culottée, sans limites, même pas arrogante.

Ton tour de magie le plus réussi, du grand art, comment t'y prenais-tu – non je ne veux pas savoir, garde-le ce secret –, offrir à tous le sentiment d'être unique, faire croire à chacun qu'il est l'élu, le favori...

Pas moi bien sûr, il a toujours été évident que j'étais l'être que tu préférais au monde entier. Que s'il m'arrivait quoi que ce soit, tu ne survivrais pas. Là-dessus tu étais claire, tu l'as toujours été. Je devais faire attention à moi, pour toi. C'était exaltant de compter à ce point. Jusqu'au jour où Jean-Philippe s'est excusé d'avoir été ton préféré… Et Muriel, ta dernière sœur, vingt ans d'écart avec toi, petite elle était rousse, des taches de rousseur partout, elle te ressemblait, elle te ressemble toujours, avec elle tu as joué à la poupée, elle était ravie tu penses, ses parents à elle étaient vieux, ils en avaient marre des filles – c'était la cinquième –, alors si Sonia la prenait un peu, tout le monde était content. Mais quand je suis née quelques années plus tard, il fallait bien admettre que Sonia était sa sœur pas sa mère, et c'est ainsi que l'amour et la rivalité ont cimenté notre vie. S'il reste un peu de place aussi pour Sam mon père divorcé qui dînait tous les soirs à la maison et côtoyait tes amants, on se battait pour toi maman, indiscutablement.

D'où viens-tu Sonia ? Française, tellement française qu'elle a planté un drapeau bleu blanc rouge, c'est la première chose qu'elle a voulu, je m'en souviens, personne ne savait où acheter un drapeau, elle voulait planter ce drapeau cocorico sur le toit de son immeuble 175 boulevard Saint-Germain, la magnifique adresse, est-ce qu'elle a demandé la permission, je n'en sais rien, est-ce qu'il faut demander la permission pour planter un drapeau français sur le toit d'un immeuble parisien qu'on vient d'acheter en 1990, avec toute sa couture, avec toute sa culture, avec tout son travail ? Mais elle vient d'où Sonia avec ce désir d'afficher un drapeau, et ses sœurs, pas vraiment les quatre filles du docteur March les quatre sœurs de Sonia, pas vraiment des imbéciles, les quatre sœurs Flis, rebaptisées les sœurs Rykiel, l'aînée devenue, notoriété oblige, la sœur générique. Janine la directrice de l'institut de danse, Françoise l'ethnologue, Danièle la costumière et directrice d'accessoires, Muriel devenue psychiatre et psychanalyste...

Quand Janine, ta sœur cadette, celle qui semblait vivre dans les contes de fées, dans les tutus roses et bleus, sur les pointes et les demi-pointes, bâtissait fièrement avec ses filles son école de danse, quand Janine un matin s'est écroulée... Un AVC. Ce n'est pas vrai. Les cinq doigts de la main, ça ne se détache pas. Ça ne me quitte pas. À l'enterrement, c'est la première fois que je t'ai vu comme ça, ne rien dire pas un mot pas bouger muette, devant le cercueil tu tremblais, ton droit d'aînée tu l'as laissé, c'est Françoise qui a parlé. Françoise, la troisième de tes sœurs, l'ethnologue, l'experte en sororité, tu l'as désignée, tu lui conférais ce pouvoir, qu'elle prenne la parole, qu'elle la garde. À jamais elle l'a gardée, magnifiquement à ton enterrement...

Noël. La famille se retrouvait chez toi. Tout le monde râlait.

Plaisir de râler et plaisir de se retrouver. S'accorder sur la date (le 25 était réservé à ceux qui célébraient en intimité recomposée, il restait le 23 ou le 24, pas si simple, certains quittaient Paris, d'autres travailleraient tard). Ensuite, le repas : Muriel rejette le dîner traditionnel « Surtout pas de dinde aux marrons Sonia, pas encore cette année. » Sonia ne se laisse pas faire, dinde aux marrons, marrons entiers, purée de marrons. « Pas de bûche hein Sonia, je déteste ça », trois bûches chocolat, passion, café et deux bûches glacées. Sonia adore ses sœurs mais elle fait ce qu'elle veut – Muriel menace de ne plus venir, elle vient toujours. Troisième embrouille : les cadeaux. Cinq sœurs, toutes mariées sauf une, enfants, petits-enfants, nouveaux fiancés, ex-maris… une quarantaine de personnes.

Françoise suggérait de ne faire des cadeaux qu'aux enfants – jusqu'à quel âge est-on enfant demandaient les grands. Muriel sur cette question changeait d'avis d'année en année, Danièle, la plus cool, tranchait : « Chacun fait comme il veut », ce à quoi je m'opposais, « On ne peut pas déséquilibrer l'équilibre, celui qui fait un cadeau doit en recevoir un ». Et chacun arrivait épuisé à la fête.

Ma mère disposait ses présents dans des *shopping bags* Sonia Rykiel, chaque prénom écrit au feutre noir de sa main, souvent une fleur artificielle reliait les anses du sac, parfois elle ajoutait un dessin. J'installais ensuite mes paquets, prenant bien garde à ne pas dissimuler les siens – elle ne me lâchait pas du regard. Oh là là ! À nous deux, on empiétait déjà jusqu'à la cheminée…

La maison était splendide. Les nappes en dentelle, les timbales de roses, les petites tables ajoutées, les jolies chaises en plus, l'argenterie, les pièces en chocolat dorées, les odeurs de mets délicieux, les chaussettes géantes en laine rouge tricotées suspendues à la cheminée, le sapin (que j'ai vu chaque année émerger de son carton, incongru dans toute cette somptuosité, mais tu ne supportais pas les épines dans la maison), ce sapin de plastique absurde qui ne sentait rien de bon, une fois décoré par toi frisait l'œuvre d'art, et les bougeoirs les bougies les néons rouges le feu de cheminée, ces lumières douces entrecroisées balayaient la soirée d'une promesse tendrement régressive et familiale.

Des paquets et des soupirs d'abord, des sourires et des rires ensuite, de toutes les tailles de toutes les couleurs envahissent l'espace. L'appartement… Une pochette surprise géante,

Sonia au pays des merveilles. C'est attendrissant et drôle de voir débarquer mes tantes courbées, chaudement couvertes, manteaux gants chapeaux, suivies précédées de leurs maris, de leurs enfants, tous ployant sous le poids de leurs sacs, ne disant pas tout de suite bonjour ne levant pas encore les yeux, concentrés, n'enlevant pas leurs habits déjà, comme s'ils arrivaient de Russie, cet atavisme – être couverts, porter quelque chose de lourd –, occupés avant tout à installer leurs paquets non plus autour de l'arbre il n'y a plus de place, mais tout le long de la pièce, soucieux de ne pas trop envahir l'espace délimité par Sonia, de ne pas égarer un cadeau, de finir d'étiqueter les derniers, t'as pas un stylo, est-ce que tout ça les épuisait ou les enchantait, les deux à la fois sûrement, cette corvée du Noël chez Sonia avec tout le monde et les cadeaux et les enfants – il faudrait trouver une autre idée, une façon de faire différente, oui mais en attendant on est bien content, c'est comme les défilés, si on pouvait trouver une autre idée mais quoi –, satisfaits tranquilles délivrés seulement quand leur étal est terminé, lèvent les yeux, admirent les lieux, les lumières, s'embrassent. Se déshabillent enfin. Sourires, baisers. Très contents. Les manteaux dans la chambre. Une si grande famille, on a de la chance. Les enfants devenaient rapidement fous. Tous ces cadeaux et leurs noms sur les paquets, pour compter il fallait enjamber, ils n'y arrivaient pas, tu as vu, il y en a un autre là, regarde, mon nom encore, attends, je recommence, ils respiraient, évaluaient, soupesaient, comparaient et attendaient... Le supplice du dîner.

Après la dinde, distribution des cadeaux. Ce moment de la soirée plongeait ma mère dans un état de stress épouvantable, elle m'appelait : « Tu t'en charges ? – Je m'en charge. » Très rapidement, tout le monde s'en chargeait, s'apostrophait, le salon se métamorphosait en souk et ça lui allait si bien, il était fait pour ça, le sol jonché de papiers de cartons de ficelles, les modes d'emploi les piles dissimulés sous les coussins en panthère, les enfants hurlent de plaisir ou parfois taisent leur déception et les adultes après la bûche, pareil. Il y a ceux qui ouvrent les paquets tout de suite, ceux qui font des tas et regardent d'abord les cadeaux des autres. Sonia merci je l'adore il est superbe ce sac, ce pull mais, tu crois que je pourrais le changer ? J'attendais que tous les cadeaux soient distribués pour offrir le mien à ma mère. Elle attendait que tous les cadeaux soient ouverts pour déballer le sien...

Quand elle n'a plus eu la force, j'ai dit à mes tantes, Noël c'est fini, on ne peut plus le faire chez elle, on ne peut pas le faire sans elle. J'hésitais, je ne savais pas, je voulais prendre la relève, je me sentais l'héritière, toute ma vie j'avais relevé ce défi, porté revendiqué ma croix d'amour de ma mère, de ma famille, est-ce que je devenais chef de cette famille, était-ce maintenant ta sœur Françoise la plus âgée, ou ta sœur Muriel qui avait tant espéré cette filiation ? Qui deviendrait reine après la reine ? Fallait-il une reine après la reine ? La famille se tiendrait-elle debout quand tu ne serais plus là pour tirer les ficelles, pour dire à chacune que tu l'aimes, que tu la préfères, que tu es là pour elle ?

Quand tu es morte maman et que tous sont venus chez moi, je voulais qu'on se parle de toi, ma petite cousine Rachel a dit, avec sa voix rauque et les yeux brillants : « Toute ma vie je me souviendrai des Noëls chez Sonia, la famille, les cousins, cet amoncellement de cadeaux avec mon nom inscrit dessus tant de fois, ces paquets, ces rubans, ces galons, ces faveurs, on aurait dit qu'ils se hâtaient jusqu'à moi. De ma vie je n'ai rien vu, jamais rien vu d'aussi magique que ça. »

– Tu vois maman, une reine, ça fait des trucs comme ça.

Maintenant

Maman maman réveille-moi tu vas mourir – pas fatalement. Non. Réveille-moi, je te dis, tu vas mourir, réellement.

Tu es tombée. On ne peut pas t'opérer.

On me l'avait bien dit j'étais avertie. Une fausse route ou une chute avaient prédit les médecins.

C'est arrivé la mort est là.

Je ne rêve pas.

Je te ramène à la maison.

Je dis « ma mère va mourir ».

Je dis « ma mère va mourir » et personne ne bouge.

Je dis « ma mère va mourir » et personne ne s'étonne.

Je dis « ma mère va mourir », ce n'est pas la première fois bien sûr, mais c'est la première fois que c'est vrai et personne ne dit rien.

Je dis mamèrevamourir et je découvre que tout le monde le savait avant moi, comme un truc qui planait, un secret de famille pas caché, elle était vieille et malade depuis longtemps – oui d'accord, mais quand même elle pouvait vivre encore – et je réalise que tout le monde trouve ça normal, triste mais attendu.

et je répète mamèrevamourir ?

et rien ni personne ne comprend que la terre va s'écrouler.

Dimanche 7 août 2016
12 h 30

Île de Ré, marché d'Ars. Je suis dans un endroit que j'aime, un des endroits que je préfère. Tant mieux. Autant être là, devant le stand des boutis, autant se délecter de couleurs, de dessins, s'informer du prochain arrivage.

J'avoue j'en ai bavé pas vous, dégringolé au fond de mon panier, parmi courgettes basilic grappes de tomates et olives vertes, mon portable sonne :

« Madame a glissé de son fauteuil. Elle était assise à côté de moi. Je faisais son lit. Elle est tombée. Sa jambe, la droite s'est repliée sous elle. Je l'ai relevée, oui, tout doucement. Je l'ai allongée sur son lit. Oui, elle a mal. Oui, je vous la passe tout de suite. » Jo est en pleurs.

« Maman ?

– Nathalie, écoute-moi bien, c'est un drame, je ne remarcherai plus jamais. »

Danièle ta sœur, et mon frère arrivent. Nous avions établi un roulement pour les vacances, ils sont à Paris et, comme chaque dimanche à cette heure-ci, en chemin pour déjeuner avec toi.

On essaie de penser à tout. Tout le temps. Et voilà. Ça. Une chute un dimanche au mois d'août. Se résigner à ça. Ton médecin au Portugal. Moi pas là. Ambulance. Hôpital. Urgences. IRM. Alors qu'on essaie de toujours tout Prévoir – Organiser – Anticiper. Se soumettre dans l'après-midi à ce diagnostic : fracture titanesque du fémur et, juste au-dessous, la prothèse du genou s'est descellée.

Le premier soir à l'hôpital, je suis assise avec mon frère dans le bureau du chirurgien, il est vingt et une heures trente, il nous a attendus. Un type jeune, l'air sympathique, qui commente les radios fixées sur un tableau lumineux en les détaillant longuement du doigt, il doit être fatigué, il n'a pas remarqué que mon frère (pourtant muni de sa canne blanche) est aveugle ni que je décortique ses explications pour lui. Ensuite, il nous informe que dans l'état de fragilité de notre mère, avec son fémur en miettes, sa prothèse descellée, son Parkinson évolué, il ne voit qu'une prouesse technique, une chirurgie très lourde, « mettre en place une grosse prothèse à charnière », il faudrait d'ailleurs passer commande tout de suite, il n'y en a pas en stock, il ne faut pas perdre de temps, bien sûr on peut réfléchir mais chaque jour qui passe elle faiblit, on doit tout tenter n'est-ce pas, elle ne pourrait plus marcher de toute façon mais – le médecin tonne :

« Vous la condamnez si vous ne l'opérez pas !

– Et vous ? Vous la condamnez à quoi en l'opérant, vous lui promettez quoi ? La même vie en moins bien, allongée, sans bouger ? Retour à la case prison mais corsetée ? Nous avez-vous seulement demandé à quoi ressemblait sa vie avant sa chute... ? Vous ne nous avez posé aucune question... »

Je crois que je hurle.

« Pardon, mais vous lui proposez quoi, concrètement ? D'ailleurs, si elle essaie de comprendre, on lui dit quoi, à notre mère, s'il vous plaît ? Ne t'inquiète pas petite maman, on va te réparer, te guérir, il faut t'opérer, tu seras mieux après – non, c'est un mensonge. Alors ? On la shoote ou on lui dit la vérité ? Tu vas descendre au bloc, y passer quatre heures, ce n'est pas certain que tu remontes – Dis, on va se dire au revoir tout de suite, ce sera fait au cas où – Bon, tu seras transfusée, les suites opératoires seront compliquées, en tout cas incertaines, les douleurs certaines, la morphine, oui, certaine, non, tu ne marcheras plus jamais c'est certain, je t'achèterai un fauteuil en fourrure pour l'hiver en soie pour l'été, des risques d'infection oui il y en a, d'amputation, oui, en cas d'infection grave – Je sais maman mais c'est ça, on nous propose ça ou rien d'autre. Qu'est-ce que vous nous proposez d'autre ? Rien ?... »

Je n'arrive plus à me calmer, je me tourne vers mon frère, je vois mon frère souffrant à côté de moi et... je me tais pour lui qui ne s'attendait pas à ça. Qui s'attendait à ça ? Nous savions que tu allais mourir, nous savions que si tu tombais tu mourrais probablement. Mais pas la violence l'ignorance de cet homme dans l'exercice de sa puissance, pour mon frère, pour moi, pour l'idée que je me fais de la vie, de la médecine, de l'intelligence, pas ça. Pour ma mère la question ne se pose pas, je sais déjà.

Le lendemain, la chef de service de gériatrie nous informe que notre mère est très anémiée, bien trop faible pour affronter une telle intervention, elle cumule tous les risques de complications, dans le meilleur des cas elle n'aurait pas la force suffisante pour une hypothétique rééducation...

Elle ajoute : opérer serait de l'acharnement thérapeutique.
Ton médecin confirme.
Ça s'est passé comme ça.

Le jeudi 18 août j'ai l'autorisation de te ramener à la maison. Par précaution j'ai demandé qu'on me fournisse les doses de morphine pour la journée avant de quitter l'hôpital. C'était interdit. J'ai insisté, j'ai bien fait. Morphine à six heures, dix heures, quatorze heures, dix-huit heures et vingt-deux heures. Partie de l'hôpital à midi vingt, l'ambulance est restée dans la cour de ton immeuble de treize à quinze heures parce qu'ils n'avaient pas de civière pour te monter – l'hôpital avait omis d'indiquer que tu habitais au troisième étage, ce n'était pas inscrit sur ta fiche, un oubli. Les ambulanciers étaient pressés, ils ont décidé de te soulever avec ta jambe complètement raide en t'asseyant sur une chaise pliante pour pouvoir repartir rapidement.

Le jeudi 18 août, je te ramène à la maison pour mourir, mais nous restons dans la cour de l'immeuble deux heures à attendre une civière, ils n'en avaient pas prévu, c'est grotesque mais je ne les laisserai pas t'asseoir sur une chaise et te plier la jambe. Tu délires dans ta cour, tu souffres en bas de chez toi, je te donne la morphine. Enfin vers quinze heures quatre hommes apportent une coque gonflable, on t'installe on te borde tu disparais presque dedans tu ne risques plus rien je tiens ta main tu peux monter chez toi sans souffrir pour mourir.

J'ai fait venir un lit médicalisé, je l'ai orienté pour que tu voies les arbres et le ciel mais que la lumière ne te blesse pas les yeux, j'ai baissé le store à moitié et j'ai collé le fauteuil au lit pour qu'on puisse t'y allonger doucement sans te secouer. Tout ce que tu aimes est près de ton lit. Il fait chaud dehors mais doux dans ta chambre grâce à la clim et tu bois de la menthe fraîche dans le verre bleu avec une paille et il n'y a aucun espoir de rien, que tu n'aies pas soif peut-être, je t'habille avec mes habits, mes tee-shirts larges et doux ma poupée, jusqu'au bout tu n'as jamais voulu que tes costumes, j'allumais la télé sans le son je laissais défiler les images des Jeux olympiques de Pékin graphiques et colorés, tu aimes bien la télé sans le son et c'est comme ça que ça s'est passé, c'est comme ça que je t'ai gardée. Et puis tes sœurs et tes petites-filles et ton fils viennent et un jour ton ex-gendre vient et tu me dis Mets-moi un soutien-gorge, Madame *Sous Mon Pull Le Parfum*, Madame la séductrice trois jours avant sa mort veut un soutien-gorge sous son tee-shirt et je sais qu'il n'y a pas d'espoir, mais c'est peut-être ça l'espoir…

Et ton médecin admirable était là, il venait chaque jour et sans lui comment aurais-je fait.

Et c'est comme ça que je t'ai gardée

Et les mots que tu lâches maintenant encore plus qu'avant, même ces petits mots avidement resteront gravés – ton étole ma chérie ma jambe j'ai soif je t'aime où sont les filles mes cheveux fais attention la collection prends ça occupe-toi d'elle…

Et là, c'est là, le mardi 23 août que je découvre ce que c'est qu'un râle – le sens du mot le bruit du mot – et c'est le râle de ma mère

Oui, c'est maintenant qu'agonise ma mère…

Utsuroï. Et c'est dans ce vide bruyant que tu t'éloignes. Écoute-moi, entends-moi, n'aie pas peur je te dis, je suis là.

Et le jeudi 25 août à cinq heures du matin tu meurs.

Et je te garde.

Tu es morte et j'ai pris ta main familière et tiède et quand elle est devenue froide je l'ai gardée encore et aussi quand ton corps est devenu lourd, c'est ce qui se passe le corps devient lourd, et puis dur aussi il devient dur, mais toi tu n'es jamais devenue étrange ni étrangère, toujours tu es restée ma mère.

J'ai tout fait à l'envers. Ils voulaient te prendre, t'emmener, te mettre au frais – c'est ce qu'on fait – Non elle reste ici avec moi, chez elle, elle est bien chez elle, et chez toi, je t'ai couverte et j'ai fait venir le froid.

Pendant sept jours (c'est le temps qu'il a fallu pour disposer ta sépulture) tu es restée chez toi et je te gardais là, dix-neuf marches au-dessus de moi et qui voulait venait et je te veillais, et tous les soirs de cette semaine-là les amis, la famille passaient…

Sous prétexte de mort on fait perdre aux gens leur consistance élémentaire.

Yasmina Reza

Je veux t'atteindre tu sais, mais je n'y parviens pas. Te retrouver comme avant, toi mère et moi enfant. Je m'efforce, je me bats pour ça. Tenter de me dégager de la chape de plomb de ces dernières années, émerger, effleurer un peu de l'ancienne légèreté. Sentir moins de poids et peut-être, moins de peine. Je prends une pelle, une pelle robuste, je creuse, je dégage, je me soulage, couche après couche, courage, fractures, hôpitaux, analyses, ambulances, matériel, soignants, kinés, Modopar, morphine, hallucine, morbide, peur, salaud, salope, béquille, roulant, fauteuil, chaussures, taches, odeur, toute seule, sortir, escalier, ascenseur, ô ma douleur, à grandes pelletées j'envoie tout valser, tout ce qui t'a rétrécie, amoindrie, aplatie. Rien à faire, tu ne réapparais pas. Je le cherche, je le veux cet avant de quand j'étais encore ton enfant, mais un mur s'est élevé qui aveugle le passé. Je reste coincée, ensevelie avec toi dans ce crépuscule, cette pesanteur.

Je les dévore ces images mouvantes de ta splendeur, belle impertinente glorieuse triomphante, femme élue la même année – la plus *sensuous* – la mieux – et l'année suivante – la moins bien – habillée du monde et aussi la reine du tricot – *the Queen of Knits*. Quelle folie, quel succès, tout semblait facile, tu voulais pouvoir arrêter tout du jour au lendemain si tu le décidais, si ça ne t'amusais plus, si tu rencontrais un homme, *partir au fin fond du Brésil*, tu disais ça souvent, je m'en souviens très bien, ça n'était pas quelqu'un d'autre c'était bien toi, mais ça n'efface rien, je n'y ai pas accès, ça ne résonne pas, ça ne m'émeut pas, ça ne me titille pas le ventre, même pas un petit peu, je n'arrive pas à sentir son odeur à celle-là, sa saveur, sa chaleur, je ne fais pas le lien avec la défaite, la meurtrie, la douloureuse qui est toujours en moi.

Tant mieux, on dirait que ceux qui t'aiment sont soulagés, à la maison je leur projette les belles images, ça leur fait du bien de te voir quand tu allais bien, de retrouver cette mémoire, ça les revigore, mon frère est heureux d'entendre ta voix dévoilée, moi non, ces cinq années m'ont tué.

Je voudrais le goût des pâtes au thon et des dîners de crêpes, et les vermicelles au lait aussi, je voudrais l'odeur de ton mélange secret Macassar de Rochas et 7e Sens mais sur ta peau seulement, je voudrais que tu engueules Marie parce que l'argenterie ne brille pas, parce qu'elle a oublié sa perruque dans la salle de bains encore une fois, elle est un peu folle mais elle t'adore et elle fait le meilleur couscous du monde – ça fait vingt ans qu'elle est là, elle te regarde les yeux brillants et te répond toujours « Madame tu sais j't'adore » et toi, du moment qu'elle t'aime… Je voudrais que ce soir tu éloignes l'un parce que l'autre arrive, que tu me dises Tu crois qu'il m'aime, tu penses qu'il quittera sa femme ? Je suis belle aujourd'hui ? Je suis bien, vraiment ? Je voudrais que tu ceintures ton manteau pour qu'on voie ta taille fine, tu rabats d'abord un pan de ta fourrure puis tu enroules l'autre par-dessus, tu scratches ta large ceinture noire en nylon matelassée bien serrée, n'importe qui aurait l'air obèse toi on dirait un tanagra, je voudrais bien assister à quelques secondes de ce petit moment-là, je voudrais avoir ce pincement que j'avais quand tu arrivais n'importe où parce qu'on ne voyait plus que toi, je voudrais que tu me donnes mon bain…

Tout était bon pour me garder, hein maman, tu détestais les animaux mais tu aurais nourri mon chien. Alors mes trois merveilleux maris, mes amants, mes formidables amis, avec ta poudre de perlimpinpin en moins de cinq minutes ils étaient séduits. Tu étais la plus présente, la plus aimante des grands-mères, ça n'était pas un rôle, tu aimais vraiment les miens, il n'était pas question qu'ils t'échappent. Et si certains, amusés, pensaient te résister croyant me vouer fidélité, tu inventais des stratagèmes… Ne mens pas Sonia – à mes amies, je le sais, tu proposais des cours de mystère : franchement, était-ce ta place, ma mère ? Et mes idées, quand elles te plaisaient, tu te les appropriais, et mes habits aussi tu t'en inspirais, et plus tard, quand on m'a vue publiquement ça ne t'a pas plu, tu aimais régner sans partager. Oui maman, j'ai morflé… Mais je n'ai pas cédé, je suis restée et je ne t'ai pas laissée.

Et pourquoi m'as-tu donné les clefs de ce studio ou tu allais baiser ? Je te l'avais demandé certainement, j'avais dû te demander si tu connaissais un endroit discret où aller. Je n'étais pas libre, ça t'amusait que je me dévergonde, tu m'as prêté les clefs, je m'y suis rendue avec celui qui allait devenir mon amant. Sauf qu'il ne le devint jamais. Impossible de faire l'amour dans cette bonbonnière avec ces boules de geisha qui séjournaient chez ma mère...

Et pourquoi me les aurais-tu refusées ? Je connaissais l'existence de ce studio, j'étais dans la confidence, j'ai toujours été dans tes confidences. Tu m'avais emmenée boulevard des Invalides le jour où tu l'as loué. Tu étais amoureuse de cet homme connu, marié, mais c'est toi qui louais, à ton nom. Lui, il n'en était pas question. Que tu sois célèbre et pas plus libre que lui n'y changeait rien. Ça m'a appris que les femmes sont plus courageuses que les hommes, enfin que tu étais plus courageuse que lui, enfin qu'il vaut mieux décider de ce qu'on veut dans la vie.

De ce studio où tu baisais avec ton amant en vue toi la rouquine dix fois plus connue que lui – est-ce que tu t'en foutais d'être repérée, je crois que oui –, de ce lupanar dont tu m'avais donné les clefs et où je n'ai jamais pu baiser, tu m'as appris ce qu'était la liberté.

Il y avait aussi tout ce qui m'empêchait, me gênait, ce qui était ton jeu, ton cinéma et même cette rousseur qui m'accablait parfois... Le panache, l'impertinence, le culot, l'intelligence, la beauté savamment calculée de tout ça, je ne les voyais pas, je me disais... Arrête, un peu de décence... Ce qu'une fille se dit de sa mère quand elle est trop présente. La mère. Ou la fille. Je me disais ce qu'on se dit quand on manque de distance...

Croyant consoler mon chagrin, on me dit que tu es immortelle.

On m'arrête dans la rue, on me téléphone, on m'écrit, on l'écrit.

On pense que ça va m'aider.

Votre mère est morte mais ne soyez pas triste, elle ne mourra jamais.

Ce serait moins dur ? Elle ne mourra jamais...

Mais elle ne sera plus là ?

Sa voix sa colère sa main tiède ne sont déjà plus là.

Elle ne mourra jamais...

L'enterrer ne me suffira pas. Vivre sans son regard, son odeur... Si elle est immortelle... si elle n'est pas morte...

J'aimerais mieux qu'elle meure, une bonne fois... pardon mais, laissez-moi pleurer ma mère mortelle le temps qu'il me faudra...

Après. Après, on verra... Après, elle pourra devenir immortelle... On aura tout le temps pour ça.

Tu es morte maman, ou pas ?

Croyant consoler mon chagrin, il me dit que ma vie sera tellement mieux, tellement plus facile maintenant, même si je ne m'en rends pas encore compte. Tellement plus légère, sans elle. Qu'elle n'était plus les images que je regarde sur les vieux films, les archives de l'INA, les DVD, les photos que l'on m'envoie tous les jours, où elle décide, dessine, déambule, effrontée, puissante, provocante, excitante. Que c'était une très vieille dame malade courbée ma mère, qui griffonnait – ne dessinait plus – *que bientôt elle ne m'aurait plus reconnue*. C'est celle-là qui est partie, pas la flamboyante. Mais je ne connaissais plus que celle-là, la flamboyante était trop loin, depuis trop longtemps.

Tous les jours depuis le jour de ta mort je pleure. Quelque chose que je ne contiens plus sort de moi, coule de moi, de mes yeux, la nuit en dormant je pleure, je le sais je me réveille noyée. Pleurer me lave, me vide, me console, je ne suis plus ta mère, je suis ta fille qui a perdu sa mère, je veux être une enfant qui pleure et qu'on laisse pleurer.

Je pleure pour tenir ta main douce et tiède
Je pleure sur tes souffrances
Je pleure parce que tu as eu peur
Je pleure parce que ça a duré trop longtemps
et je pleure parce que tu n'es plus là
Je pleure sur moi
Je pleure parce que tu étais tout pour moi.

Croyant consoler mon chagrin – il veut me consoler –, il me dit il me répète que c'est la vieille souffrante que j'ai perdue, pas l'autre, que c'est mieux pour nous deux, il a raison sûrement, mais quelle différence, je l'aimais la vieille, je les aimais toutes les deux…

Vient la souffrance d'avoir supporté ta souffrance, ton corps déformé, tes crises et tes cris, ta colère, ce spectacle de toi m'appelant au secours, maman maman au secours, et moi te rassurant tentant de te rassurer, ce n'est qu'une crise mon enfantmaman, fais-moi confiance crois-moi regarde-moi ça va passer. Tous ces mensonges. Cette indécence. Toute cette douleur et fermer sa gueule, une fois que les médecins ont fait ce qu'ils pouvaient, au long de la maladie, pénible de plus en plus pénible, une fois qu'on t'avait tenu la main, essayé de te calmer, tous les calmants, tous les mélanges les dosages les respirations les massages, une fois qu'on s'était barré, parce qu'au bout d'un moment ça n'est pas à soi toute cette douleur c'est la douleur de l'autre, alors quelqu'un qui t'aime t'emmène au cinéma en vacances parce que tu dois vivre.

C'est ce qui me vient en premier quand tu meurs et que ton cœur finalement ne bat plus, c'est que tu n'as plus mal, que tu ne souffres plus, ce que je vois en premier, c'est ton visage se détendre, tes traits se relâcher, tes lèvres surtout redevenir douces, ce que je vois en premier, c'est qu'il n'y a plus de douleur et même si ta main se refroidit je m'en fous... Reviennent tes sourcils froncés enfoncés, tes membres rétractés qui m'obsèdent, je ne peux pas les effacer. Et je m'en fous que tu meures, je suis contente que tu meures parce que tu n'as plus mal tu n'auras plus jamais mal ma beauté pour toujours.

Croyant consoler mon chagrin elles ne me disent rien. Parfois simplement passent un bras autour de mon cou : « Ça va ? » Elles savent. Elles se tiennent près de moi. Elles sont là. Elles souffrent.

Le jeudi 1er septembre, on m'a demandé où mettre ton cercueil, j'ai dit par terre dans le salon parce que c'est là que tu t'asseyais avant, toujours par terre. On l'a déposé là, à terre, tu reposais dedans, impériale belle russe et rousse. La lumière dans la pièce était magnifique, il n'y avait aucun bruit. Tes petites-filles, ton fils et moi au sol autour de toi longtemps, tout le temps qu'il fallait, les autres nous entourant, nous protégeant, chacun dans le désir et l'effroi de te revoir, de l'au revoir de cette dernière fois, dans la douleur, et aussi je ne peux ni ne veux le cacher, c'était si fort, si beau ce moment de nous tous autour de toi, dans la conscience de cette beauté.

Après, quelqu'un que je n'ai pas vu est venu, je lui ai fait un signe, on a refermé doucement et fermement ta boîte, il y a eu un bruit déplaisant de vis et d'écrous, et nous sommes partis tous ensemble à Montparnasse.

Montparnasse

Te parler, je suis la dernière à le faire. Il fait très beau et très chaud. Puis reprendre ma place sur la chaise, mon frère à ma gauche, mes filles à ma droite, mes tantes à leurs côtés, toi devant nous.

Il n'y a plus pour m'ancrer qu'une main, celle de mon frère, et l'autre, celle de ma fille qui est toutes les mains de mes filles, et lourde ma nuque que je repose sur l'homme debout derrière moi. Trois attaches qui me retiennent parce que tout en moi, tout de moi maintenant s'éloigne. S'engouffre s'exile s'abîme. Musique ciel, voudrait se diluer dans une immensité.

Jamais entendu la musique comme ça avant, d'ailleurs ce n'est pas entendre, jamais vu le ciel comme ça, j'appuie ma nuque plus fort, il est là l'homme, il est là le ciel, immense, si vivant, nuages dansant à toute allure comme répondant à mon invitation, soleil brûlant mes larmes cloques séchées, aspirant ma peine comme une promesse folle et incroyablement crédible de *ça va aller*...

Comme si ce jour-là – il y a des jours comme ça – chacun et chacune étaient à sa place, toi la première étrangement sage et muette trônant dans ta boîte.

Comme si chaque mot, chaque histoire offerte aux autres dévoilait des Sonia inconnues, on n'en aura jamais fini avec toi – mais tu n'es plus là.

Comme si ceux qui t'avaient connue savouraient la chance qu'ils avaient eue.

Comme si les gens qui étaient là en cet instant précis t'aimaient vraiment – il y avait de l'amour, de la vie, il y avait un amour de la vie, on a ri aussi.

Comme si le prélude de Kreisler, la mélodie de Gluck avaient été composés pour toi – ils étaient joués pour toi.

Comme si rien ne t'avait trahie et que ces heures inouïes ne ressemblaient qu'à toi.

Comme si un enterrement pouvait être parfait, d'une grâce absolue et d'ailleurs tu ne l'as pas interrompu...

Après

Un mois plus tard, alors que l'on recommence gentiment à m'inviter, je me suis enfermée.

Je ne suis pas partie loin, ça ne servait à rien, je me suis cloîtrée chez moi. J'avais besoin d'être là.

Il fallait que je sois là, pour t'écrire.

Pour comprendre. Monter chez toi et que tu n'y sois pas ne suffisait pas. Il fallait que je sois seule chez moi, des jours et des jours et des nuits et des nuits et que tu ne sois pas au-dessus de moi non plus, ni personne d'autre chez toi.

Ouvrir avec mes clefs comme d'habitude mais pas un bruit, pas la télé sans le son avec les images, pas ton odeur ni l'odeur de quelque chose de bon qu'on te prépare à manger.

Monter sans rien dans les mains pour toi maman, pas de fleurs, pas de nouveau cahier, de chocolat, de médicament, de petit coussin. Pas de magazine, de liasse de tissus, pas les mains pleines toujours pleines pour toi. Même pas d'assiettes, de bols à redescendre chez moi (quand je t'apportais quelque chose à manger). Alors, je me suis arrangée avec des objets : je descendais un fauteuil, un dessin, j'en remontais un à moi, ça réveillait un souffle, une circulation oui, mais ça n'a pas duré quinze jours. C'était artificiel. Ça ne servait à rien.

Comprendre que tu n'habites plus là. Compliqué, parce que tu habites terriblement là, tu habites le vide de toi, l'air de chaque pièce. L'appartement animal a pris la forme de ton visage, la couleur de tes cheveux, renarde rousse.

Monter les mains vides et redescendre, les mains vides. Sans rien à monter ni à redescendre. C'est vous mes mains vides ballantes inutiles, vous, jour après jour, qui m'avez convaincue que tu étais morte. C'est vous qui me l'avez dit. Et je l'ai répété à ma tête à mon cœur à mon ventre encore pleins de toi.

Ma mère mon enfant mon bébé la boucle est bouclée, les mains libres, je te porte en bandoulière.

Je ne sors que pour me rendre sur ta tombe. Je n'y reste jamais très longtemps. À chaque fois, la même chose. Aller au cimetière, bon je suis contente de ce cimetière. Tant qu'à faire, c'est là que je voulais que tu sois. Je m'y rends facilement. Je me félicite que ce soit là. Que tu sois là. Les premiers temps, il faut que je me glisse dans la situation, étrange pas du tout naturelle, je me dis, c'est toi Nathalie, tu es au cimetière tu vas voir ta mère ; devant le cimetière, tu franchis la porte, tu prends tout droit puis l'allée légèrement à gauche, bon, j'ai mes repères. Je suis au cimetière, je vais voir ma mère. Ça me fait une petite chanson, je me la sifflote, je suis au cimetière, je vais voir ma mère. Je marche vite, j'ai quelque chose à faire, je suis au cimetière, visiter quelqu'un de cher, je vais voir ma mère, tralalalalère. Quand j'arrive, on ne la voit pas de loin, j'ai toujours un doute, elle est bien là, elle ne s'est pas sauvée ? Je vérifie que tout est impeccable aucun signe – des feuilles, le vent, une tache (on dirait que j'arrive chez elle et que je regarde si on a bien fait le ménage) – mais alors, personne n'est passé te voir ? Au contraire, quelques roses fanées, quelques cailloux nouveaux venus et je voudrais tant savoir qui les a déposés. J'aime ce nouveau jeu discret, ce lien muet entre passants inconnus amis famille et puis tu ne m'appartiens plus (à la fin je pensais que tu m'appartenais) alors, qui est venu te voir, qui a déposé cette fleur, un dessin signé Lilou, un numéro de portable – poétiques ces fidélités secrètes qui mènent toutes à toi.

L'inspection faite, je dépose mes offrandes, fleurs, petits mots, cailloux ou chocolats, des riens, des touts, des riens du tout, j'apporterais bien des belles choses, des choses de valeur que tu aimerais et on te les prendrait…

Puis, quand je suis prête, pas avant, je me campe face à toi et je te regarde. Ou je t'imagine. Là, dessous, au fond, il n'y a que toi dans ce trou, raide allongée, dans ta fourrure tu n'es pas jeune mais tu n'es plus si vieille, tu es d'avant tout ça, toute bien droite horizontale, sage, je te vois. Et là je me tords, mon corps se tord, une torsion, ça m'essore maman – ce n'est que tes os, j'essaie de me dire ça mais je ne sais pas ce qui est pire, tes os ou toi, toi tout entière en chair frileuse qui m'engueules parce que tu as froid et que c'est pas chauffé une tombe, que je ne t'ai pas mis la bonne fourrure et d'ailleurs est-ce que je suis folle de t'avoir laissée là ? Ou tes os à moitié bouffés et tes vêtements troués.

Toi qui as froid ou tes os que je vois là
Que je laisse là…

Une nuit, je dormais, sentiment du devoir accompli, *deuil in progress*, homme d'amour à mes côtés, couette sur nez rabattue, plus d'enfants à la maison, trois mois déjà que tu n'es plus là, qu'au-dessus de moi c'est plat, que je vis donc sans toi, que j'existe sans toi – je pleure oui je pleure. Est-ce que tu t'éloignes de moi, est-ce que je me remets de toi. J'écris. Je me dis, mes amis au Canada m'attendent, mes tantes existent pour moi sans toi, il y a mon frère de concert en concert, il y a mes filles dans leurs vies, il y a ces hommages aussi que je prépare pour toi, je ne t'oublie pas, il y a que cette nuit je dormais et que, promis, on fera une allée pour toi ma chérie, une allée sur le boulevard Saint-Germain, une allée pour déambuler, pour apprendre à marcher surtout pas le cul serré, une allée, c'est un podium dans la rue parce que c'est dans la rue que tout a commencé, pour que toutes les femmes puissent défiler, se poser, se marrer, exister, les mannequins, les passantes, les amies, les combattantes, tu as ouvert le chemin rue de Grenelle en Mai 68, en août 2016 boulevard Saint-Germain tu t'arrêtes, après avoir fait combien de fois le tour du monde, mais nous on continue. J'aime ce point de ralliement, cette adresse, ce rendons-nous dans l'allée, dans l'allée de Sonia, que serait la rive gauche sans toi…

Cette nuit, je dormais bien, avec cette allée, je me disais, tu serais contente, tu vois je ne t'abandonne pas, j'ai réussi à tout concilier – vivre sans toi – et là tu m'as réveillée, tu te marrais gentiment, tu avais l'air bien maman, avec un clin d'œil tu m'as prise dans tes bras…

Je pleure – encore maintenant ça me prend –, attends…

Tu te rappelles quand ça n'allait plus, je me plantais face à toi, je te saisissais les deux mains, j'accrochais ton regard… Tu forçais bien ta voix, Baudelaire on y croyait, on ne croyait plus qu'à ça, ensemble nous récitions :

Sois sage, ô ma Douleur, et tiens-toi plus tranquille

Tu réclamais le Soir ; il descend ; le voici… […]

Ma Douleur, donne-moi la main…

Donne-moi ta main maman et ta douleur tu la connaissais par cœur…

Tu m'as fait un clin d'œil cette nuit, tu m'as serrée maman, tu m'as souri. « Merci pour l'allée chérie. Et tu vois, je te l'avais bien dit, tu écris ! »

Pour me consoler

Il y a des choses de toi que je peux prendre. Un stylo. Une fourrure. Un dessin. Une façon de croiser les jambes, de tenir la cigarette, la dragée haute, de rejeter ses cheveux de les froisser de les faire retomber (je le fais). Je peux tout prendre si je veux. Et soudainement je suffoque sous ton étole, je m'évanouis dans ton fauteuil, je disparais sous ton parfum.

Je peux essayer d'être toi. Je ne pouvais pas quand tu étais là.

Je me redresse, j'enfile ta robe je secoue mes cheveux je copie ta démarche et tu sais quoi, je deviens encore plus moi.

Il y a des choses de toi que je peux garder. Une façon d'être au monde, de ne pas se plier, de ne pas renoncer, de ne pas pleurer, tu ne pleurais pas – non, ça je ne pourrais pas.

J'ai tout déjà en moi de toi.

J'ai aussi ce qui vient naturellement à une fille en vieillissant – oui, moi le contraire de toi, moi la brune je te ressemble étrangement –, je change les noms des gens, je ne les reconnais pas, j'intervertis les syllabes, je m'excuse en souriant, il y a toutes ces petites choses honteuses et puis il y a beaucoup de belles choses aussi…

Et je sais faire ta mousse au chocolat. Je peux partager la recette. Je peux choisir à qui je la donne et pour qui j'oublierai un ingrédient. J'aime l'argenterie d'hôtel. Et qu'elle brille. Marcher pieds nus et aussi les talons très hauts. Capable de n'importe quelle connerie pour une histoire d'amour. Et mentir, j'apprends à mentir, à bon escient ça pourra être utile. Je peux arpenter Saint-Germain-des-Prés, je me fais accoster, on me parle de toi, on me sourit. On me parle de moi aussi et j'aime ça.

Grâce à toi, le monde est plutôt bienveillant, les portes sont ouvertes.

Pour me consoler, il y a cette vie que tu m'as mise dans le cœur, il y a cette fierté…

Il y a que je suis moi, rien à voir avec toi, et que je ne cherche jamais qui je suis, la fille ou la mère, parce que je suis cette femme qui est la fille et la mère et la mère de ses filles, et que je me suis débrouillée avec ça et même, j'ai adoré ça. Et si je me suis cassé la gueule, si j'en ai pris plein la gueule parfois, qu'est-ce que ça peut faire. Je respire.

Je suis debout

Utsuroï

Dans la culture japonaise, *utsuroï* désigne une subtilité qui permet de penser la transition. Ce moment où la fleur va faner, où l'âme d'une chose est comme suspendue dans le vide entre deux états.

Ni l'eau ni la neige mais l'entre-deux, l'interstice, le moment où la neige se modifie en eau et où l'eau est encore de la neige.

Je remercie tendrement

Jean-Philippe, mon frère, qui m'a soutenue indéfectiblement au long des épreuves, et si bien écoutée pendant l'écriture de ce livre

Serge au plus près

Muriel, qui y croit pour moi quand moi je n'y crois plus

Dan, mon premier lecteur depuis mon premier livre…

Infinie gratitude…

Jo Alexandre, Renaud Capuçon, Marie-Yannick Chery, Somia Eljabal, Marie-Vivette Gaspard, Delphine Horvilleur, Roland Jouvent, Olivier Lyon-Caen, Dominique Monchicourt, Loïc Prigent, Olivier Saillard, Marie-Pierre Sokouri, Serge Weinberg

*Cet ouvrage a été composé
par Maury à Malesherbes
et achevé d'imprimer en avril 2017
sur Roto-Page
par l'Imprimerie Floch
à Mayenne
pour le compte des Éditions Stock
21, rue du Montparnasse, 75006 Paris*

PAPIER À BASE DE FIBRES CERTIFIÉES

Stock s'engage pour l'environnement en réduisant l'empreinte carbone de ses livres. Celle de cet exemplaire est de :
550 g éq. CO_2
Rendez-vous sur www.editions-stock-durable.fr

Imprimé en France

Dépôt légal : mai 2017
N° d'édition : 01 – N° d'impression : 91037
53-51-2951/0